中国第一部立体成语词典

★第四卷

中国成语印谱

杨桂臣 编著

辽宁教育出版社

目录

B

E

F

J

K

L

M

P

Q

X

一无所知		【一无所知】yì wú shuǒ zhī 一：都，全。什么都不知道。《红楼梦》九〇回："那雪雁此时只打量黛玉，心中一无所知了。"
癣疥之疾		【癣疥之疾】xuǎn jiè zhī jí 癣疥：两种轻微的皮肤病，比喻小的祸患。谓不过像癣疥一般的疾患。比喻危害浅的小毛病或容易解决的小问题、为害尚轻的小祸害。
疑神疑鬼		【疑神疑鬼】yí shén yí guǐ 怀疑这个，又怀疑那个。形容神经过敏，胡猜乱想。明·徐光启《钦奉明旨条画屯田疏》："盖妄信流传谓戾气所化，是以疑神疑鬼，甘受戕害。"
以火救火		【以火救火】yǐ huǒ jiù huǒ 用火来扑灭火，火势更旺。比喻处理问题方法不对，反而助长事态的发展，《庄子·人间世》："是以火救火，以水救水，名之曰'益多'。"

因人制宜		【因人制宜】yīn rén zhì yí 按照具体人的不同情况，采取适当的措施，安排工作。
鱼目混珠		【鱼目混珠】yú mù hùn zhū 鱼目：鱼眼睛。混：混同，冒充。用鱼眼睛假冒珍珠。比喻以假乱真。汉·魏伯阳《参同契》卷上："鱼目岂为珠，蓬蒿不成槚。"
阴错阳差		【阴错阳差】yīn cuò yáng chā 原为阴阳家术语，指阴和阳出现了倒错。现比喻各种偶然的因素凑在一起而造成差错或出现了意外。明·阮大铖《燕子笺·轰报》："摊开纸条，把解状元怎阴错阳差报。"
蝇粪点玉		【蝇粪点玉】yíng fèn diǎn yù 点：玷污。苍蝇粪玷污了美玉。比喻细小的过错也能使好人玷污。宋·际佃《埤雅》："青蝇粪尤能败物，虽玉犹不免，所谓蝇粪点玉是也。"

压倒元白		【压倒元白】yā dǎo yuán bái 元、白：唐代诗人元稹、白居易。超过了元稹、白居易。比喻诗文等作品胜过同时代著名作家。五代·南汉·王定保《唐摭言·慈恩寺题名游赏赋咏杂记》："宝历年中，杨相嗣复，大宴新昌里第，诸生翼坐，元、白俱在。赋诗，唯杨汝士诗后成，最佳，元、白叹伏。汝士醉归曰：'我今日压倒元白'。"
言而无信		【言而无信】yán ér wú xìn 信：信用。说话不算数，不守信用。
言人人殊	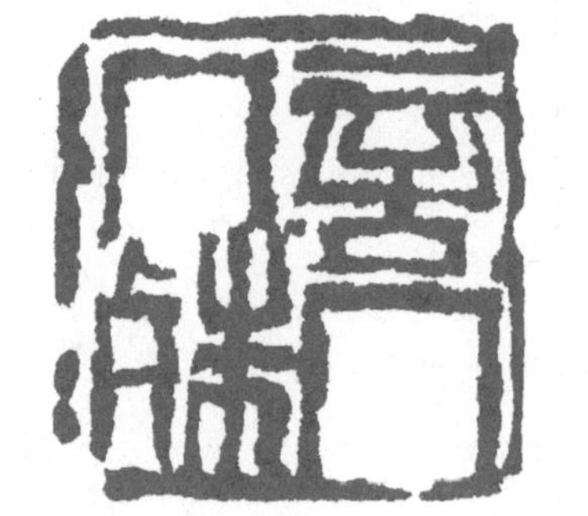	【言人人殊】yán rén rén shū 各人的说法都不一样。指对同一事情各有各的说法。《史记·曹相国世家》："尽召长老诸生，问所以安集百姓，如齐故诸儒以百数，言人人殊，未知所定。"
胸中鳞甲		【胸中鳞甲】xiōng zhōng lín jiǎ 鳞甲：比喻心计。比喻人居心不善。晋·陈寿《三国志·蜀书·陈震传》："诸葛亮与长史蒋琬、侍中董允书曰：'孝起（陈震）前临至吴，为我说正方（李严），腹中有鳞甲，乡党以为不可近。'"

成语	印	释义
欲罢不能		【欲罢不能】yù bà bù néng 罢：停。本指因学习的心情急切而不能中止，后泛指想要停止但情势上下不可能。《论语·子罕》：“夫子循循然善诱人，博我以文，约我以礼，欲罢不能。”
阴魂不散		【阴魂不散】yīn hún bù sàn 阴魂：迷信者称人死后的魂灵。比喻坏人坏事虽已被铲除，但其影响或残余势力仍然存在。
有天无日		【有天无日】yǒu tiān wú rì 有天而没有太阳，满天昏暗。比喻社会或事情内幕黑暗，没有公理。元·康进之《李逵负荆》第二折：“元来个梁山泊有天无日，就恨不砍倒这一面黄旗。”
优哉游哉		【优哉游哉】yōu zāi yóu zāi 优、游：悠闲无事。哉：古汉语感叹词。形容从容自在，悠闲无事的样子。《诗经·采菽》：“优哉游哉，亦是戾矣。”晋·潘安仁《秋兴赋》：“优哉游哉，聊以卒岁。”

成语	印	释义
逊志时敏		【逊志时敏】xùn zhì shí mǐn 指谦虚好学，时自策励。《尚书·说命下》："惟学逊志，务时敏，厥修乃来。"
言为心声		【言为心声】yán wéi xīn shēng 言：语言。语言是表达心意的声音。指语言是人们思想情感的反映。汉·扬雄《法言·问神》："言，心声也；书，心画也。"
虚与委蛇		【虚与委蛇】xū yǔ wēi yí 虚：表面的。委蛇：敷衍。形容假意殷勤，实际应付敷衍。《庄子·应帝王》："乡吾示之以未始出吾宗，吾与之虚而委蛇。"
心乱如麻		【心乱如麻】xīn luàn rú má 心绪烦乱，像一团乱麻。形容心里乱得无法理出头绪。《群音类选·<金钏计·斗草拾钏>》："失金心恐，情兴更无些，寻宝钏，拨残花，只愁打草反惊蛇，那娇蛾心乱如麻，枉猜疑我拿。"

成语	印	释义
有加无已		【有加无已】yǒu jiā wú yǐ　无已：没止境。形容不断增加或越发展越厉害。《左传·昭公七年》："并走群望，有加而无瘳（chōu）。"（瘳，减损。）
吟风弄月		【吟风弄月】yín fēng nòng yuè　吟：吟咏，指作诗。弄：把玩，玩赏；风、月：泛指自然景物。吟咏、玩赏风花雪月。原指以风花雪月为题材写作诗词，现多指逃避现实，空虚无聊的作品。唐·范传正《李翰林白墓志铭》："吟风咏月，席地幕天。"
忧心忡忡		【忧心忡忡】yōu xīn chōng chōng　忡忡：忧虑不安的样子。形容心事重重，忧愁不安。《诗经·草虫》："未见君子，忧心忡忡。"
獐头鼠目		【獐头鼠目】zhāng tóu shǔ mù　獐：一种头小而尖的动物。头长得像獐子一样，眼睛则像老鼠一样。形容人穷酸的样子或面目丑陋猥琐，狡猾奸诈。

成语	印	释义
信口开河	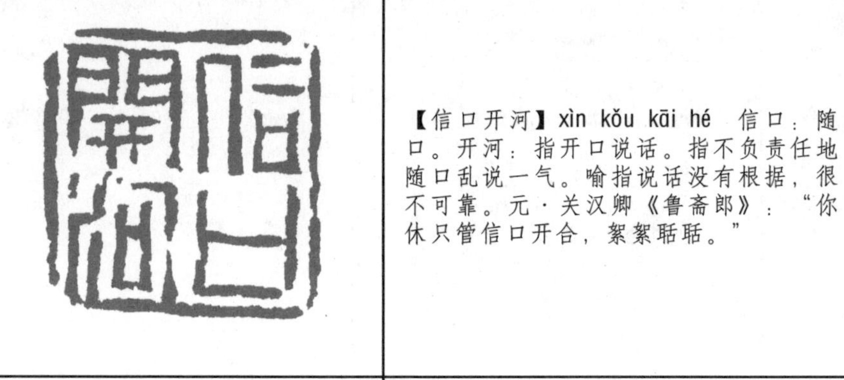	【信口开河】xìn kǒu kāi hé　信口：随口。开河：指开口说话。指不负责任地随口乱说一气。喻指说话没有根据，很不可靠。元·关汉卿《鲁斋郎》：“你休只管信口开合，絮絮聒聒。”
扬扬得意		【扬扬得意】yáng yáng dé yì 十分得意的样子。语本《史记·管晏列传》“意气扬扬，甚自得也”。
腰缠万贯		【腰缠万贯】yāo chán wàn guàn 腰缠：随身携带。贯：钱串，钱用绳索串起来，一千文为贯。形容人随身携带的财物很多或很富有。语出宋·王楙《野客丛书》第十三卷：“腰缠十万贯，骑鹤下扬州。”
仰人鼻息		【仰人鼻息】yǎng rén bí xī 仰：依赖。鼻息：呼吸。依靠他人的呼吸而生存。引申为迎合别人的意旨行事。语引《后汉书·袁绍传》：“袁绍孤客穷军，仰我鼻息，譬如婴儿在股掌之上，绝其哺乳，立可饿杀！”

成语	印	释义
饔飧不继		【饔飧不继】yōng sūn bù jì 饔：早饭。飧：晚饭。不继：接不上。吃了早饭没晚饭，吃了上顿没下顿。形容生活十分困窘。语出明·朱用纯《朱子家训》："虽饔飧不继，犹有余欢。"。
有血有肉		【有血有肉】yǒu xuè yǒu ròu 有血肉，有活力，比喻文艺作品形象生动，内容充实。语出朱自清《你我·'子夜'》："他笔下是些有血有肉能说能做的人，不是些扁平的人形，模糊的影子。"
蝇头小利	 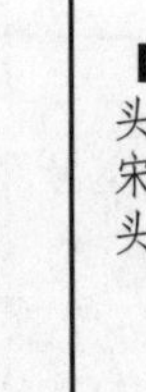	【蝇头小利】yíng tóu xiǎo lì 如同苍蝇头那样的小利。比喻微小的利益。语引宋·苏轼《满庭芳》："蜗角虚名，蝇头微利。"
于今为烈		【于今为烈】yú jīn wéi liè 于今：到现在。烈：猛烈，厉害。到了今天更加厉害。指过去就有，现在更加严重。

成语	印	释义
妖言惑众		【妖言惑众】yāo yán huò zhòng 妖言：荒诞离奇、骗人的鬼话。指有些人用荒诞的鬼话欺骗、迷惑群众。语出《汉书·眭弘传》："妄设妖言惑众，大逆不道。"
信而有征		【信而有征】xìn ěr yǒu zhēng 征：证明。起实可信而且有根据。语出《左传·昭公八年》："君子之言，信而有征，故怨远于其身。"
新亭对泣		【新亭对泣】xīn tíng duì qì 新亭：又名"劳劳亭"，故址在今南京市南；三国吴时建筑物；据《晋书·王导传》载：元帝时，丞相王导与客宴新亭，周颢中坐而叹曰："风景不殊，举目有河山之异。"大家都无限伤感，相对流涕，独有王导愀然变色说："当共勠力王室，克复神州，何至作楚囚对泣耶！"后比喻忧国忧时者对故国的怀念又无可奈何的情绪。
妖魔鬼怪		【妖魔鬼怪】yāo mó guǐ guài 传说中危害人类的妖精和魔鬼。比喻形形色色的作恶害人者。元·李好古《张生煮海》第一折："我家东人好傻也，安如他不是个妖魔鬼怪，信着他跟将去了。"

成语	印	释义
朝三暮四		【朝三暮四】zhāo sān mù sì 早晨三个，晚上四个。原来比喻使用诈术，只变名目而不改变实质以进行欺骗。后来比喻经常变化，反复无常。
招降纳叛		【招降纳叛】zhāo xiáng nà pàn 指招收接纳敌方投降和叛变过来的人。多用来形容网罗坏人，结成团伙。《隋唐演义》六〇回：“徐懋功道：‘殿下招降纳叛，如小将辈俱自异国得侍左右，今日杀雄信，谁复有来降者？’”
约法三章		【约法三章】yuē fǎ sān zhāng 约：约定。法：法律。约定三条法律。多指订立简明的有法律性质的条款，大家监督遵守。汉·司马迁《史记·高祖本纪》：“与父老约法三章耳：杀人者死，伤人及盗抵罪。”
缘木求鱼		【缘木求鱼】yuán mù qiú yú 缘：攀缘。木：树。攀缘到树上去找鱼。比喻行动和目的相背，徒劳无功。《孟子·梁惠王上》：“以若所为，求若有欲，犹缘木而鱼也。”

成语	印	释义
形格势禁		【形格势禁】xíng gé shì jìn 格：受阻碍；禁：制止。后用来形容事情被形势所牵制而不能进行。
形单影只		【形单影只】xíng dān yǐng zhī 形：身体。单：孤单。影：身影。只：指单独。孤单单一个人，一个身影。形容孤独，没有同伴。语出唐·韩愈《祭十二郎文》：“承先人后者，在孙惟汝，在子唯吾，两世一身，形单影只。
行成于思		【行成于思】xíng chéng yú sī 行：品行，道德。思：思考，反思，反省。品德的养成在于不断反思。现也理解为做事要多动脑筋，多思考。语引唐·韩愈《进学解》：“业精于勤，荒于嬉；行成于思，毁于随。”
燕雀处堂		【燕雀处堂】yàn què chǔ táng 处：居住；堂：堂屋。小鸟住在堂上。比喻处境危险而不自知。《孔丝子·论势》：“燕雀处屋，子母相哺，煦煦焉其相乐也，自以为安矣；灶突炎上，栋宇将焚，燕雀颜色不变，不知祸之及己也。”

成语	印	释义
遇人不淑		【遇人不淑】yù rén bù shū 淑：善。遇到一个心地不善的人。指女子嫁了个不好的丈夫。《诗经·王风·中谷有蓷》："有女仳离，条其啸矣。条其啸矣，遇人之不淑矣。"
振振有词		【振振有词】zhèn zhèn yǒu cí 振振：理直气壮的样子。形容自以为道理很充分，说个不停。语出清·梁启超《关税权问题》："今者外人之以排外相诬者，既振振有词其乌可更为无谋之举，以授之口实也。"
照本宣科		【照本宣科】zhào běi xuān kē 照：按照。本：书本，文本。宣科：原指道士诵读经文。照着本子念条文。比喻死板地照现成文章或稿子宣读，不能灵活运用。元·关汉卿《西蜀梦》："也不用僧人持究，道士宣科。
择善而从		【择善而从】zé shàn ér cóng 择：选择。选择好的或正确的而遵循，依从。《论语·述而》："三人行，必有我师焉；择其善者而从之。"

信誓旦旦		【信誓旦旦】xìn shì dàn dàn 信誓：真实可信的誓言。旦旦：诚实的样子。形容誓言诚实可信。《诗经·卫风·氓》："总角之宴，言笑晏晏，信誓旦旦，不思其反。"
伊于胡底		【伊于胡底】yī yú hú dǐ 伊：句首助词；于：往；胡：何，哪；底：到。不知道要弄到什么地步才止。
一语破的		【一语破的】yī yǔ può dì 破的：射中箭靶。一句话就说中了要害。指说话简洁明了，能抓住关键或要害。唐·李欣《放歌行答从弟墨卿》："吾家令弟才不羁，五言破的人共推。"
血流成河		【血流成河】xuè liú chéng hé 形容被杀的人极多。

成语	印	释义
以一持万		【以一持万】yǐ yī chí wàn 持：总持。形容提纲挈领，抓住关键。《荀子·儒效》："以浅持薄，以古持今，以一持万。"
贻笑大方		【贻笑大方】yí xiào dà fāng 贻：遗留。大方：大方之家，多指有某种专长的人。留下笑柄给内行人，谓让内行人见笑话。语出《庄子·秋水》："吾长见笑于大方之家。"
以石投水		【以石投水】yǐ shí tóu shuǐ 投：扔。把石头扔进水里，水能包容，不相抵触。比喻人的互相投合。《列子·说符》："白公问孔子曰：'人可与微言乎？'孔子不应。白公问曰：'若以石投水，何如？'孔子曰：'吴之善没者能取之。'"
雪泥鸿爪		【雪泥鸿爪】xuě ní hóng zhǎo 鸿雁在雪上踏过留下了爪印。比喻往事遗留的痕迹。宋·苏轼《和子由渑池怀旧》诗："人生到处知何似，应似飞鸿踏雪泥，泥上偶然留指爪，鸿飞那复计东西！"

悬驼就石		【悬驼就石】xuán tuó jiù shí 悬：吊挂。就：靠近。唐·释道世《法苑珠林·卷六十六·愚赣·磨刀》引《百喻经》载：古时有人得一头死骆驼，剥皮嫌刀钝。楼上有一块磨刀石，他一会儿上楼去磨刀，一会儿又下楼去剥皮，他感到这样太麻烦。他为了就近磨刀，不是把磨刀石搬下楼来，却费了很大力气把死骆驼弄到楼上。后用以比喻处理问题轻重倒置，愚蠢可笑。
以暴易暴		【以暴易暴】yǐ bào yì bào 以：用。暴：暴君，恶势力。易：换，代替。用暴虐者代替暴虐者。清·蒲松龄《聊斋志异·周三》：“此单实繁有徒，不可善论，难免用武。请即假馆君家，微劳所不改辞。吏转念去一狐，得一狐，是以暴易暴也，游移不改即应。”
一纸空文		【一纸空文】yī zhǐ kōng wén 一张没有用处的空头文书。多指只是写在纸面上而不能兑现的法律条文、协约、规则、计划等。《官场现形记》四六回：“近来又有了什么外销名目，说是筹了款项，只能办理本省之事；将来不过一纸空文咨部塞责。”
羊狠狼贪		【羊狠狼贪】yáng hěn láng tān 形容人凶狠贪婪。多用来形容贪官污吏对人民的敲诈勒索无厌无已。

一言为定		【一言为定】yī yán wéi dìng 一句话说定了，不再更改或反悔。《京本通俗小说·错斩崔宁》："这也是我设计奈何，一言为定。"
引而不发		【引而不发】yǐn ér bù fā 引：拉引。发：射箭。拉紧了弓弦，但不把箭射出去。比喻作好一切准备，待机而动；也比喻善于启发引导。《孟子·尽心上》："君子引而不发，跃如也。中道而立，能者从之。"
移花接木		【移花接木】yí huā jiē mù 把某种花木的枝条嫁接到另一种花木上。比喻暗中使用手段而使真假易位。《好逑传》四回："本府前日原为过宅讲的是你令侄女，你怎么逞弄奸狡，移花接木，将你女儿骗充过去，这不独是欺骗过公子，竟是欺骗本府了。"
倚门倚闾		【倚门倚闾】yǐ mén yǐ lǘ 闾：里巷的门。形容父母盼望子女归来的殷切心情。《战国策·齐策六》："王孙贾年十五，事闵王。王出走，失王之外。其母曰：'女朝出而晚来，则我倚门而望；女暮出而不还，则吾倚闾而望。'"

成语	印	释义
至死不悟		【至死不悟】zhì sǐ bù wù 悟：醒悟。到死都不醒悟。形容顽固不化。晋·葛洪《抱朴子》：“求乞福愿，冀其必得，至死不悟，不亦哀哉？”
薰莸同器		【薰莸同器】xūn yóu tóng qì 薰：香草。莸：臭草。香草和臭草收藏在同一个容器内。比喻好与坏、善与恶不分。蔡东藩、许廑父《民国通俗演义》三八回：“去者得避害马败群之谤，留者仍蒙薰莸同器之嫌。”
言犹在耳		【言犹在耳】yán yóu zài ěr 话音还没有在耳边消逝。指话说过不久或记忆犹新。《左传·文公七年》：“今君虽终，言犹在耳。”
以水救水		【以水救水】yǐ shuǐ jiù shuǐ 引水来救水灾，水势更猛。比喻不仅于事无补，反而助长其势。《庄子·人间世》：“是以火救火，以水救水，名之曰‘益多’。”

郢书燕说		【郢书燕说】yǐng shū yān shuō 《韩非子·外储说左上》里说，郢地有个人夜晚给燕国的国相写信，灯不太亮，就对端烛的侍者说“举独”，不自觉地把“举烛”二字写进信里了。“燕相受书而说之，曰：‘举烛者，尚明也；尚明也者，举贤而任之。’”。后就用来比喻穿凿附会，曲解原意。
以己度人		【以己度人】yǐ jǐ duó rén 度：推测，猜测。用自己的想法、心理和情况去猜度别人。汉·韩婴《韩诗外传》：“圣人以己度人者也，以心度心，以情度情，以类度类，古今一也。”
一笑置之		【一笑置之】yī xiào zhì zhī 笑了一笑就把它搁置在一边了，形容不当一回事。宋·杨万里《观水叹》：“出处未可必，一笑姑置之。”
引绳排根		【引绳排根】yǐn shéng pái gēn 比喻勾结起来排斥别人。《汉书·灌夫传》：“及窦婴失势，亦欲倚夫引绳排根。生平慕婴、夫，后见其失职而颇慢弛，如此者，共排退之，不复与交，譬如相对挽绳，而根格之也。”

虚己以听		【虚己以听】xū jǐ yǐ tīng 虚己：虚心听取别人的意见。形容接受意见的态度诚恳。
羞人答答		【羞人答答】xiū rén dā dā 答答：害羞的样子。形容自己感觉难为情。元·王实甫《西厢记》第四本楔子："羞人答答的，怎生去！"
形销骨立		【形销骨立】xíng xiāo gǔ lì 形：身形，形体。销：枯瘦，枯槁。骨：骨架。立：树立，凸现。身体枯瘦，骨架凸现。形容身体极为消瘦。清·蒲松龄《聊斋志异·叶生》："榜既放，依然铩羽，生嗒丧而归，愧负知己，形销骨立，痴若木偶。"
秀外慧中		【秀外慧中】xiù wài huì zhōng 秀：秀美。慧：聪明。外表秀丽，内心聪明。形容才貌双全。

成语	印	释义
游戏人间		【游戏人间】yóu xì rén jiān 游戏：玩耍。原恭维人成了神仙能来人间游戏。后来表示活在人间的婉词也指一种玩世不恭、把人生看成是游戏的消极生活态度。《太平御览》引《汉武内传》："西王母曰：'东方朔为太上仙官，太仙使至方史助三天司命。朔但务山水游戏。"
倚马可待		【倚马可待】yǐ mǎ kě dài 倚：靠着。倚靠战马旁起草文稿，立等可取。形容才思敏捷，顷刻而就。南朝·宋·刘义庆《世说新语·文学》："桓宣武北征，袁虎时从，被责免官，会须露布文，唤袁倚马前令作，手不辍笔，俄得七纸，殊可观。"
意在言外		【意在言外】yì zài yán wài 其意在言语、文辞之外。指语意含蓄，让读者自己去体会其蕴意。宋·司马光《温公续诗话》："古人为诗，贵于意在言外，使人思而得上。"
一潭死水		【一潭死水】yī tán sǐ shuǐ 潭：深水池。一池子死水。比喻停滞不前、死气沉沉的局面。元·戴善夫《陶学士醉写风光好》："我正忒坎坷，自怨咨，九重天忽有君恩至，正是一湾死水全无浪，也有春风摆动时。"

成语	印	释义
蒙在鼓里		【蒙在鼓里】méng zài gǔ lǐ 比喻被人欺骗，自己好像被包在鼓里一样，对有关的事情一点也不知道。
明日黄花		【明日黄花】míng rì huáng huā 黄花：菊花。宋苏轼《九日次韵王巩》诗："相逢不用忙归去，明日黄花蝶也愁。"原是指重阳节一过，菊花即将枯萎，便没有什么可以玩赏的了。后比喻过时的事物。
恋恋不舍		【恋恋不舍】liàn liàn bù shě 恋恋：留恋。舍：放下、离开。形容十分留恋，不舍得离开。宋·王明清《挥麈后录》卷六："元度送之郊外，促膝剧谈，恋恋不能舍。"
例行公事		【例行公事】lì xíng gōng shì 按照规定和惯例处理公事，比喻走形式。清·吴趼人《痛史》："那一种凌虐苛刻看的同例行公事一般，哪里还知道这是不应为而为之事？"

成语	印	释义
剑头一吷		【剑头一吷】jiàn tóu yī xuè 剑头：指剑环头小孔；吷：很小的声音。比喻不足轻重的言论。宋·苏轼《再游径山》诗："榻上双痕凛然在，剑头一吷何须角。"
进退失据		【进退失据】jìn tuì shī jù 据：依据，凭借。前进、后退都失去了依据。形容无处安身，亦指进退两难。宋·陈亮《谢安比王导》："温一心，以为有鸿鹄将至，故气不足以决之，而进退失据。"
孤雏腐鼠		【孤雏腐鼠】gū chú fǔ shǔ 孤雏：孤独的幼鸟；腐鼠：腐烂的老鼠。比喻微贱不足道的人或物。《后汉书·窦宪传》："宪以贱直夺沁水公主园田，后发觉，帝大怒曰：'国家弃宪，如孤雏腐鼠耳。'"
釜底抽薪		【釜底抽薪】fǔ dǐ chōu xīn 釜：锅。薪：柴。在锅底下抽出柴火。比喻从根本上解决问题。也指暗中做手脚。汉·董卓《上何进书》："臣闻扬汤止沸，莫若去薪"。

成语	印	释义
鹅行鸭步		【鹅行鸭步】é xíng yā bù 像鹅和鸭子走路。形容行走迟缓。《水浒》第三十二回：“你两个闲常在镇上抬轿时，只是鹅行鸭步，如今却怎的走得快？”
废话连篇		【废话连篇】fèi huà lián piān 连篇：一篇接一篇。形容文章或话语中废话太多。
火耕水耨		【火耕水耨】huǒ gēng shuǐ nòu 耨：锄草。指原始的耕作方法。唐·房玄龄等《晋书·食货志》：“诸欲修水田者，皆以火耕水耨为便。”
各自为政		【各自为政】gè zì wéi zhèng 指各自在职权范围内按照自己的主张行事，不互相配合。比喻不考虑全局，各搞一套。《左传·宣公二年》：“畴昔之羊，子为政；今日之事，我为政。”

成语	印	释义
金城汤池		【金城汤池】jīn chéng tāng chí 城：城墙。池：护城河。汤：热水。金属铸造的城墙，滚烫的护城河。形容城池守备坚固。也比喻学术根底牢固，无懈可击。《汉书·蒯通传》："边地之城，必将婴城固守，皆为金城汤池，不可攻也。"
积不相能		【积不相能】jī bù xiāng néng 积：积久而成的；能：亲善。长期以来互不亲善。指两方一向不和。《左传·襄二十一年》："（范鞅）与栾盈为公族大夫而不相能。"
金瓯无缺		【金瓯无缺】jīn ōu wú quē 金瓯：盛酒的器皿。比喻国土完整。《南史·朱异传》："我国家犹若金瓯，无一伤缺。"
锦衣玉食		【锦衣玉食】jǐn yī yù shí 锦衣：精美华贵的衣服。玉食：珍美的饮食。华丽的服装，珍美的饮食。形容生活豪华奢侈。《魏书·常景传》："锦衣玉食，可颐其形。"

落荒而走		【落荒而走】luò huāng ér zǒu 离开大路，逃向荒野。形容战败后狼狈地逃走。也比喻处于尴尬窘迫境地时狼狈而去。明·罗贯中《三国演义》："玄德望见'地公将军'旗号，飞马赶来，张宝落荒而走。"
鸾飘凤泊		【鸾飘凤泊】luán piāo fèng bó 鸾：传说中凤凰一类的鸟。凤：凤凰。飘：飞翔。泊：停留、栖息。鸾鸟在高空飞翔，凤凰在权杖上栖息。比喻书法笔姿潇洒逸脱。也比喻夫妻离散，飘泊无依。或指有才能的人怀才不遇。
眉来眼去		【眉来眼去】méi lái yǎn qù 形容以眉目传情。多用于男女示爱。也比喻坏人之间勾勾搭搭。宋·辛弃疾《稼轩词·卷二·满江红》："落日苍茫风才定，片帆无力。还刻眉来眼去，水光山色。
买空卖空		【买空卖空】mǎi kōng mài kōng 指商业活动中的一种投机买卖行为。投机者预测某种货物或股票、证券的涨落行情，通过经济人或交易所乘机买进或卖出，而买卖双方都有货物或货款过手，只是到期就进出之间的差价结算盈亏，从中获取暴利。现比喻在政治上、学术上及社会生活中进行招摇撞骗的各种投机活动。

刻不容缓		【刻不容缓】kè bù róng huǎn 刻：片刻。容：容许。缓：延缓，耽搁。一刻也不容许延缓。形容形势十分紧迫。
金谷酒数		【金谷酒数】jīn gǔ jiǔ shù 金谷：晋朝石崇在洛阳修筑的金谷园；酒数：指宴会上罚酒的斗数。晋·石崇《金谷诗序》："遂各赋诗，以叙中怀，或不能者，罚酒三斗。"后就用来表示罚酒三大杯。
刻鹄类鹜		【刻鹄类鹜】kè hú lèi wù 鹄：天鹅；类：似，像；鹜：鸭。《后汉书·马援传》："效伯高不得，犹为谨敕之士，所谓刻鹄不成尚类鹜者也。"意思是刻天鹅不像，但还像鸭子。原为马援劝诫子侄安守家业、不要轻举妄动而用的比喻，后来多用以劝诫好高骛远的人。
冷言冷语		【冷言冷语】lěng yán lěng yǔ 冷：冷淡，不温和。不直接表达其意，而是从侧面或反面说些辛辣嘲讽的话。宋·宝林《宝林禅师语录》："山门疏：着着门，尽是自家屋里，何须冷言冷语，暗地敲人？"

镂金错彩		【镂金错彩】lòu jīn cuò cǎi 镂：刻。错：涂饰。涂绘五色，雕刻金银，装饰得十分工丽。形容文学作品词藻绚烂。南朝·梁钟嵘《诗品》：“谢诗如芙蓉出水，颜如错彩镂金。”
鸾翔凤集		【鸾翔凤集】luán xiáng fèng jí 鸾：凤凰一类的鸟。凤：凤凰。鸾凤：比喻优秀杰出的人物。鸾鸟在天上盘旋，凤凰在一处聚集。比喻优秀杰出的人物会聚在一起。晋·傅咸《申怀赋》：“穆穆清禁，济济群英，鸾翔凤集，羽仪上京。”
冥顽不灵		【冥顽不灵】míng wán bù líng 冥：本指昏暗，引申为愚昧。顽：顽固，难开化。灵：聪明敏锐。形容愚昧无知，尚未开化。唐·韩愈《祭鳄鱼文》：“不然，则是鳄鱼冥顽不灵，刺史虽有言，不闻不知也。”
美中不足		【美中不足】měi zhōng bù zú 美：好。不足：不够，缺欠。事物总的方面虽然很好，但局部还有不足的地方。

成语	印	释义
断头将军		【断头将军】duàn tóu jiāng jūn 头可断的将军。指坚决抵抗而宁死不屈的将领。晋·陈寿《三国志·蜀书·张飞传》：“颜（严颜）答曰：‘卿等无状，侵夺我州，我州但有断头将军，无有降将军也。’”
江河日下		【江河日下】jiāng hé rì xià 日：一天天。下：低处。江河的水一天天流向低处，比喻事物日益衰落或局势越来越糟。《聊斋志异·附和本序跋题辞〈高序〉》：“且江河日下，人鬼颇同，不则幽冥之中，反是圣贤道场，日日唐虞三代，有是理乎？”
刻肌刻骨		【刻肌刻骨】kè jī kè gǔ 形容感受深切。三国·魏·曹植《上责躬诗表》：“刻肌刻骨，追思罪戾，昼分而食，夜分而寝。”
枯木朽株		【枯木朽株】kū mù xiǔ zhū 朽：腐烂。株：露出地面的树桩。谓枯朽的树木。比喻老弱无用的人或衰微的力量。汉·邹阳《狱中上梁王书》：“故有人先谈，则以枯木朽株树功而不忘。”

成语	印	释义
陆海潘江		【陆海潘江】lù hǎi pān jiāng 陆、潘：指晋朝文学家陆机、潘岳。南朝·梁·钟嵘《诗品》："陆才如海，潘才如江。"这原是钟嵘对陆机、潘岳的称颂，后多用来比喻文人才高。
隔靴搔痒		【隔靴搔痒】gé xuē sāo yǎng 隔着靴子挠痒痒。原为禅宗用语，比喻领会佛理不够透彻，未能悟境触机，后比喻说话写文章没有切中主题，不中肯，不贴切，或做事没有抓住关键，不解决问题。
狗尾续貂		【狗尾续貂】gǒu wěi xù diāo 貂：指古代皇帝侍从官司员用作帽饰的貂尾。貂尾不够，就用狗尾来补充。原讽刺所封官爵太滥，后比喻用次品续在珍品之后。多指后来续写的文学作品不如原来的好。
南枝北枝		【南枝北枝】nán zhī běi zhī 指南面山坡上的梅花向阳，北面山坡上的梅花受寒。比喻人的处境苦乐不同。唐·李峤《鹧鸪》诗："可怜鹧鸪飞，飞向树南枝。南枝日照暖，北枝霜露滋。"

成语	印	释义
矜才使气		【矜才使气】jīn cái shǐ qì 矜：自夸，自负。使气：意气用事。以才华自负，意气用事，盛气凌人。
急功近利		【急功近利】jí gōng jìn lì 急：急于。功：成效，成就。近：眼前的利益。急于追求成效，贪图眼前利益。汉·董仲舒《春秋繁露·卷九·对胶西王》："仁人者正其道不谋其利，修其理不急其功。"
酒肉朋友		【酒肉朋友】jiǔ ròu péng you 指只在一起吃吃喝喝交际往来的朋友。元·关汉卿《单刀会》第二折："（道童云）你要索取荆州，不来问我，关云长是我酒肉朋友，我交他两只手送与你荆州来。
惊弓之鸟		【惊弓之鸟】jīng gōng zhī niǎo 被弓箭吓怕了的鸟。比喻受过惊吓的人，遇到一点情况就惶恐不安。语出《晋书·王鉴传》："黩武之众易动，惊弓之鸟难安。"

成语	印	释义
不名一钱		【不名一钱】bù míng yī qián 名：占有。没有一文钱。形容极度贫穷。语出汉·司马迁《史记·佞幸列传》：“（邓通）竟不得名一钱，寄死人家。”
不舞之鹤		【不舞之鹤】bù wǔ zhī hè 据南朝·宋刘义庆《世说新语·排调》记载，羊祜养的一只鹤，会舞蹈，一次客人要求表演，那鹤却一直不肯起舞。后就用来讥嘲人无能，有时也用以自谦。
不易之论		【不易之论】bù yì zhī lùn 易：变更。不可改变的定论。形容论断或意见完全正确。语出《易·乾》：“不易乎世，不成乎名。”
不足为奇		【不足为奇】bù zú wéi qí 不足：不值得。不值得认为奇怪。多指某种事物或现象很平常，没有新奇之处。明·施耐庵《水浒传》第六十八回：“吴用见说，大笑道：‘不足为奇！’”

大谬不然		【大谬不然】dà miù bù rán 谬：错误，荒谬；然：如此，这样。非常荒谬，完全不是这样。汉·司马迁《报任少卿书》："事乃有大谬不然者。"
歧路亡羊		【歧路亡羊】qí lù wáng yáng 歧路：岔道；亡：丢失。《列子·说符》里说，杨子的邻居丢了羊，出动他的全家又请了杨子的僮仆一起去追寻。杨子说："嘻！丢了一只羊，为什么要这么多的人去追呀？"邻人说："路上岔道多。"人们回来了，杨子问："羊找到了吗？"回答说："丢了呀！"又问："为什么丢了呢？"回答说："岔路上又有岔路，不知它跑到哪条路上，只好回来了。"心都子说："大道以多歧亡羊，学者以多方丧生。"比喻事理复杂多变，没有正确的方向，因而找不到真理。
片言只字		【片言只字】piàn yán zhī zì 片言：简短的几句话；只字：单个的字、词。指零碎的文字材料。也形容说话很少。《文选·陆机〈谢平原内史表〉》："片言只字，不关其间。"
凄风苦雨		【凄风苦雨】qī fēng kǔ yǔ 形容天气恶劣，比喻处境悲惨凄凉。明·贾三近《亟拯淮徐赤子以固中原疏》："犹有二三遗黎，未就沟壑，日呻吟于凄风苦雨之下，敝衣不掩膝，藜藿不充口。"

成语	印	释义
断鹤续凫		【断鹤续凫】duàn hè xù fú 续：接续。凫：野鸭子。截短仙鹤的长腿，接长野鸭的短腿。比喻做事违反规律或事物本性。《庄子·骈拇》："是故凫胫虽短，续之则忧；鹤胫虽长，断之则悲。"
毫无二致		【毫无二致】háo wú èr zhì 二致：两样。丝毫没有两样。形容完全一样。清·李宝嘉《官场现形记》第二十九回："余道台见了这副神气，更觉得同花小红一式一样，毫无二致。"
非池中物		【非池中物】fēi chí zhōng wù 物：指鱼虾之类。不是在池塘里久居的东西。比喻不是蛰居一隅而是有远大抱负的人，像天上的龙一样。到时要飞升。晋·陈寿《三国志·吴书·周瑜传》："刘备以枭雄之姿，而有关羽、张飞熊虎之将，必非久屈为人用者……恐蛟龙得云雨，终非池中物也。"
倒行逆施		【倒行逆施】dào xíng nì shī 倒、逆：反常。行、施：做事。违反常规，违背情理的行为。一般指违反社会道德准则和时代进步方向的行为。据汉·司马迁《史记·伍子胥传》载：春秋时楚国伍子胥为报父兄之仇，引吴师伐楚，掘平王墓，鞭尸泄恨。中包胥责备他，他回答说："吾日暮涂（途）远，吾故倒行而逆施之。"

成语	印	释义
蓬户瓮牖		【蓬户瓮牖】péng hù wèng yǒu 户：门。牖：窗。用蓬草编成门，用破瓮做成窗。形容贫苦人家的生活。《礼记·儒行》："荜门圭窬，蓬户瓮牖。"
南腔北调		【南腔北调】nán qiāng běi diào 南、北：指一个国家的南方、北方。腔：语调。形容口音不纯，说话掺杂各地方言，也多指各地方言。清·吴敬梓《儒林外史》："两边一幅笺纸的联，上写着：三间东倒西歪屋，一个南腔北调人。"
疲于奔命		【疲于奔命】pí yú bēn mìng 疲：疲乏，劳累。奔命：奉命奔走。指因奉命或被迫到处奔走，精疲力竭，疲惫不堪。也形容事情繁多，忙于应付而精疲力尽。《左传·成公七年》："余必使尔罢于奔命以死。"
见危授命		【见危授命】jiàn wēi shòu mìng 危：危险，危难。授命：献出生命。看见危难当头而勇于献出自己的生命。《论语·宪问》："见利思义，见危授命。久要不忘平生之言，亦可以为成为矣。"

成语	印	释义
良金美玉		【良金美玉】liáng jīn měi yù 良金：优质的金属。比喻人品高尚。《宋史·黄洽传》：“上曰：‘卿如良金美玉，浑厚无瑕。’”也比喻文章精妙。
面黄肌瘦		【面黄肌瘦】miàn huáng jī shòu 面：脸。肌：肌肉，指身体。脸色发黄，身体瘦弱。形容人瘦弱有病或营养不良的样子。元·杨梓《霍光鬼谏》：“眼欺缩腮模样，面黄肌瘦形相。”
聊以卒岁		【聊以卒岁】liáo yǐ zú suì 聊：姑且。卒：尽，终。姑且如此度过一年。本指逍遥自在地度日。现表示生活艰难，勉强度过一年。《左传·襄公二十一年》：“人谓叔向曰：‘子离于罪，其为不知乎？’叔向曰：‘与其死亡若何？诗曰：“优哉游哉，聊以卒岁”，知也。’”
离心离德		【离心离德】lí xīn lí dé 心：思想；德：信念。思想不统一，信念不一致。形容人心各异，各行其是。《尚书·泰誓中》：“受有亿兆夷人，离心离德。”

成语	印	释义
力透纸背		【力透纸背】lì tòu zhǐ bèi 力：笔力。透：穿过。形容书法遒劲有力，笔锋简直要透到纸的背面。也比喻文学作品立意深刻或刻画人物极有功力。清·赵翼《瓯北诗钞》："（陆游诗）意在笔先，力透纸背。"
摩厉以须		【摩厉以须】mó lì yǐ xū 摩厉：磨刀使锐利；须：等待。把刀磨快等待着。比喻作好准备，待时而动。《左传·昭公十二年》："摩厉以须，王出，吾刃将斩矣。"
力尽筋疲		【力尽筋疲】lì jìn jīn pí 形容非常疲乏，一点力气也没有了。唐·韩愈《昌黎先生集·论淮西事宜状》："虽时侵略，小有所得，力尽筋疲，不偿其费。"
两小无猜		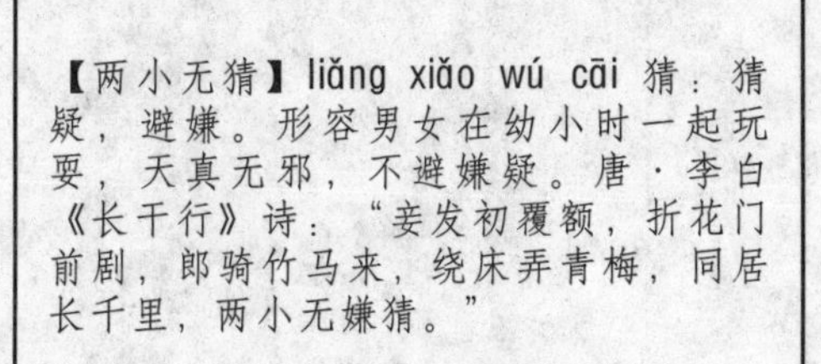 【两小无猜】liǎng xiǎo wú cāi 猜：猜疑，避嫌。形容男女在幼小时一起玩耍，天真无邪，不避嫌疑。唐·李白《长干行》诗："妾发初覆额，折花门前剧，郎骑竹马来，绕床弄青梅，同居长千里，两小无嫌猜。"

方头不劣		【方头不劣】fāng tóu bù liè 形容人倔强，不随和。《古今杂剧·关汉卿〈钱大尹智勘绯衣梦〉四》："俺这里有个裴炎，好生方头不劣。"
户枢不蠹	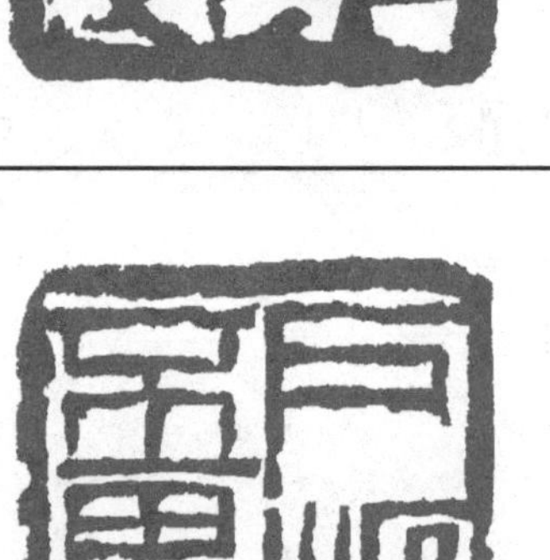	【户枢不蠹】hù shū bù dù 枢：门上的转轴。蠹：蛀。指门的转轴，不会被虫蛀蚀。比喻经常运动的东西不易受侵蚀。《吕氏春秋·尽数》："流水不腐，户枢不蝼，动也。"宋·陆象山《丞相魏公谭训》："人生在勤，勤则不匮，户枢不蠹，流水不腐，此其理也。"
关山迢递		【关山迢递】guān shān tiáo dì 关山：关隘和山岭。迢递：遥远的样子。关隘和高山，一个接连一个。形容路途遥远。明·王世贞《鸣凤记》第八出："贤弟！无限别情，不胜姜怆，关山迢递，后会难期。"
忽忽不乐		【忽忽不乐】hū hū bù lè 忽忽：心中空虚恍惚的情态。形容若有所失而不高兴的情态。《史记·梁孝王世家》："意忽忽不乐。"

成语	印	释义
九鼎大吕		【九鼎大吕】jiǔ dǐng dà lǚ 九鼎：夏禹铸的九个鼎，象征国家政权。大吕：周朝大钟。“九鼎”和“大吕”，都是古代国家的宝器。比喻贵重，力量大。汉·司马迁《史记·平原君列传》：“毛先生一至楚，而使赵重于九鼎大吕。”
举案齐眉		【举案齐眉】jǔ àn qí méi 案：有脚的托盘。《后汉书·逸民传·梁鸿》载：汉代的梁鸿、孟光是一对恩爱夫妻，孟光在给丈夫送饭时总是把端饭的盘子举得与眉毛一样高，以示对丈夫的尊敬。形容夫妻互敬互爱。
精卫填海		【精卫填海】jīng wèi tián hǎi 精卫：古代神话中的小鸟名。传说炎帝的女儿在东海淹死，灵魂化为精卫鸟，每天衔西山的木石来填东海。后用来比喻不畏困难，意志坚决。
混淆视听		【混淆视听】hùn xiáo shì tīng 故意用假象或谎话迷惑人，使人产生错觉，不易分辨真伪和是非。

成语	印章	释义
重整旗鼓		【重整旗鼓】chóng zhěng qí gǔ 旗鼓：古代作战时用来发号令的旌旗和战鼓，用来代表军事力量。比喻失败或受挫后，重新整顿聚集军力，准备再战。宋·克勤《圆悟佛果禅师语录》第十七卷："法灯重整枪旗，再装甲胄。"
不合时宜		【不合时宜】bù hé shí yí 时宜：当时的需要或风气。不符合当时的形势或社会潮流。汉·班固《汉书·哀帝纪》："皆违经背古，不合时宜。"
博古通今		【博古通今】bó gǔ tōng jīn 博：广博，知道得多。通：通晓。通晓古代和现代的事情。形容知识渊博。《孔子家语·观周》："吾闻老聃博古知今。"
不足为训		【不足为训】bù zú wéi xùn 不足：不值得。训：教导，规范。不值得作为行为的准则或典范。明·胡应麟《诗薮》："君诗如风螭巨鲸，步骤虽奇，不足为训。"

成语	印	释义
秋水伊人		【秋水伊人】qiū shuǐ yī rén 秋水：喻指清澈的眼波，引申为盼望。伊人：那个人，指意中人。谓对秋水而怀念想念中的人。对景怀人之意。《诗经·秦风·蒹葭》："蒹葭苍苍，白露为霜，所谓伊人，在水一方。"
泥沙俱下		【泥沙俱下】ní shā jù xià 俱：都，一起。泥土和沙石随着水一起流了下来。比喻人或事物良莠不齐地混杂在一起出现。清·袁枚《随园诗话》第一卷："人称大才者，如万里黄河，与泥沙俱下。"
牛刀小试		【牛刀小试】niú dāo xiǎo shì 牛刀：宰牛的刀。用宰牛刀在小动物身上做试验。比喻有大本领而先在小事上略微施展一下。宋·苏轼《送欧阳主簿赴官韦城》诗："读遍牙签三万轴，欲来小邑试牛刀。"
铺张扬厉		【铺张扬厉】pū zhāng yáng lì 铺张：夸张，铺陈渲染。扬厉：发扬光大。原指为文时铺陈渲染，发扬光大。后用来形容过分地讲究排场。南朝·梁·刘勰《文心雕龙》："颂须铺张扬厉，而以典雅丰缛为贵。"

成语	印	释义
名不虚传		【名不虚传】míng bù xū chuán 虚：不真实。传出来的名声与实际相符，不是虚假的。《三国志·徐邈传》："帝大笑，顾左右曰：'名不虚传。'"
兵贵神速		【兵贵神速】bīng guì shén sù 神速：特别迅速。用兵以行动特别迅速为贵。《孙子·九地》："兵之情主速。"
不落窠臼		【不落窠臼】bù luò kē jiù 窠臼：旧框框，老套子，现成格式。比喻有独创风格，不落俗套。明·胡应麟《诗薮》："初学必从此入门，庶不落小家窠臼。"
迷途知返		【迷途知返】mí tú zhī fǎn 迷途：迷失道路。返：回来。迷失了道路，辨明后回到正路上来。比喻犯了错误后，知道改正。《三国志·魏书·袁术传》："以身试祸，岂不痛哉！若迷而知返，尚可以免。"

成语	印	释义
泥多佛大		【泥多佛大】ní duō fó dà 使用的泥多塑的佛身就大。比喻根基厚或附益的多，成就就大。宋·释普济《五灯会元》卷二十："十五日以前，水长船高，十五日后，泥多佛大。"
目不识丁		【目不识丁】mù bù shí dīng 丁：表示最简单的字。连丁字也不识。形容人不识字或一点学问也没有。《旧唐书·张弘靖传》："今天下无事，汝辈挽两石弓，不如识一丁字。"
璞玉浑金		【璞玉浑金】pú yù hún jīn 璞玉：含有玉的石头或未经雕琢的玉。浑金：天然的或未经冶炼的金。未经雕琢的玉石，未经冶炼的矿金。比喻人天然美质，纯真朴拙。南朝·宋·刘义庆《世说新语·赏誉》："王戎目山巨源如璞玉浑金，人皆钦其宝，莫知名其器。"
侔色揣称		【侔色揣称】móu sè chuǎi chèn 侔：等同；揣：估量；称：好。描摹物色，恰到好处。《文选·谢惠连〈雪赋〉》："抽子秘思，骋子妍辞，侔色揣称，为寡人赋之。"

成语	印	释义
亘古未有		【亘古未有】gèn gǔ wèi yǒu 亘古：从古至今。从古至今没有过。形容事物的独特少有。清·平步青《霞外捃屑》第四卷：“太青晚作《嘉莲》诗，七言今体至四百余首，亘古未有。”
横七竖八		【横七竖八】héng qī shù bā 有的横着，有的竖着。形容杂乱无章，没有条理。明·施耐庵《水浒传》：“原来旧有数百人家，却有火烧做白地，一片瓦砾场上，横七竖八，杀死的男子妇女，不计其数。”
囫囵吞枣		【囫囵吞枣】hú lún tūn zǎo 囫囵：整个儿，完整的。指不加咀嚼，把枣子整个吞下去。比喻学习时生吞活剥，不深入思考，笼统含糊地吸收知识。宋·朱熹《答许顺之书》：“今动不动便说个本末精粗无二致，正是鹘仑吞枣。”
浮家泛宅		【浮家泛宅】fú jiā fàn zhái 浮、泛：漂浮在水上的家宅。指以船为家，过水上生活的渔民之家。也用来指飘泊不定，浪迹江湖的生活。宋·欧阳修等《新唐书·张志和传》：“颜真卿为湖州刺史，志和来谒，真卿以舟敝漏，请更之，志和曰：‘愿为浮家泛宅，往来苕雪间。’”

貌合神离		【貌合神离】mào hé shén lí 貌：外表。神：内心。指表面上彼此很切合，内心里想的却不一样。形容表面上关系很融洽，而实际上各怀心思。汉·黄石公《素书》：“貌合心离者孤，亲谗远忠者亡。”
梦幻泡影		【梦幻泡影】mèng huàn pào yǐng 佛教认为，世上事物无常，一切皆空，如同梦境、幻觉、泡沫和影子一样。《金刚般若经》：“一切有为法，如梦幻泡影，如露亦如电，应作如是观。”
落落寡合		【落落寡合】luò luò guǎ hé 落落：孤独的样子。寡：少。合：合群。谓孤孤单单，很难合群。《三侠五义》六九回：“原来此人姓杜名雍，是个饱学儒流，一生性气刚直，又是个落落寡合之人。”
明珠弹雀		【明珠弹雀】míng zhū tán què 明珠：夜明珠。弹：弹射。用夜明珠当弹丸去打鸟雀。比喻得不偿失。《庄子·让王》：“今日有人于此，以隋侯之珠，弹于千仞之雀，世必笑之。是何也？则其所用其重，而所要者轻也。”

成语	印	释义
恶叉白赖		【恶叉白赖】è chā bái lài 凶恶无赖。《元区选·石君宝〈曲江池〉二》："任凭你恶叉白赖寻争竞。"
汗牛充栋		【汗牛充栋】hàn niú chōng dòng 栋：栋宇，房屋。指藏书太多，运输时可使牛出汗，存放时可堆至屋顶。形容书籍极多。唐·柳宗元《陆文通先生墓表》："其为书，处则充栋宇，出则汗牛马。"
和璧隋珠		【和璧隋珠】hé bì suí zhū 据《韩非子·和氏》记载，春秋时，楚人卞和得到一块璞玉，献给楚厉王，厉王认为是石头，砍了卞和的左腿。后来又献给楚武王，还是被认作石头，砍去卞和右腿。楚文王继位，卞和抱着玉在荆山下哭，楚文王知道了原委，叫人加工那块璞玉，果然是块美玉，就叫它"和氏璧"。
风雨交加		【风雨交加】fēng yǔ jiāo jiā 交加：（两种以上的事物）同时出现。又是刮风，又是下雨。也比喻几种灾难同时袭来。清·梁章钜《浪迹续谈·除夕元旦两诗》："冬至前后，则连日阴曀，风雨交加，逾月不止。"

成语	印	释义
狗彘不若		【狗彘不若】gǒu zhì bù ruò 彘：猪。连猪狗都不如。比喻品行十分恶劣。《荀子·荣辱》："乳狗不远游，不忘其亲也；人也，忧忘其身，内忘其亲，上忘其君，则是人也，而曾狗彘之不若也。"
空中楼阁		【空中楼阁】kōng zhōng lóu gé 空中所见的楼阁。指海市蜃楼。比喻明澈通达。亦比喻虚幻的事物或空想。《二程全书·遗书》："邵尧夫犹空中楼阁。"
悃愊无华		【悃愊无华】kǔn bì wú huá 悃愊：至诚；华：浮华。形容真心实意，没有一点虚假。《后汉书·章帝纪·元和二年诏》："安静之吏，悃愊无华。"
冷眼旁观		【冷眼旁观】lěng yǎn páng guān 冷：冷漠，冷淡，冷静。眼：目光，表情神态。以冷淡的眼光在一旁观看。形容置身事外，毫不动心地在一旁静观事态变化。宋·朱熹《答黄直卿》："冷眼旁观，手足俱露，甚可笑也。"

成语	印	释义
姑息养奸		【姑息养奸】gū xī yǎng jiān 姑息：无原则地宽容。养：助长。奸：坏人坏事。无原则地一味宽容，就会助长坏人坏事。《礼记·檀弓上》："细人之爱人也以姑息。"
封豕长蛇		【封豕长蛇】fēng shǐ cháng shé 封：大；豕：猪。大猪长蛇。比喻贪婪横暴的人。《左传·定四年》："吴为封豕长蛇，以荐食上国。"
方寸已乱		【方寸已乱】fāng cùn yǐ luàn 方寸：指心。心绪纷乱。《石点头》卷四："胸前象十来个椎头撞击，方寸已乱。"
风云变幻		【风云变幻】fēng yún biàn huàn 风云：比喻弯幻动荡的局势。变幻：变化不定。形容天气变化无常。现比喻局势复杂，变化急速，难以预料。

成语	印	释义
酒酣耳热		【酒酣耳热】jiǔ hān ěr rè 酒喝得正痛快，耳朵发热。形容酒兴正浓。《文选·曹丕〈与吴质书〉》："每至觞酌流行，丝竹并奏，酒酣耳热，仰而赋诗，当此之时，忽然不自知乐也。"
居心叵测		【居心叵测】jū xīn pǒ cè 叵：不可。测：推测，料想。居心：存心，指怀着某种念头。存心险恶，不可测度。清·林则徐《使粤奏稿》："且其居心叵测，反覆靡常。"
狂风恶浪		【狂风恶浪】kuáng fēng è làng 恶浪：凶猛的浪头。比喻形势或处境非常险恶、危急。也比喻敌人险恶的破坏活动。刘平平等《我们的爸爸刘少奇》："一年来的狂风恶浪，她那幼稚的心灵受到极大的摧残。
空穴来风		【空穴来风】kōng xué lái fēng 穴：洞、孔。来：招致。虚空的洞穴容易招进来风。谓户穴通风。比喻流言飞语乘虚而入。战国·宋玉《风赋》："臣闻于师：'枳句来巢，空穴来风。'"

阿谀奉承		【阿谀奉承】ē yú fèng chéng 阿谀：用好听的话讨好人。奉承：恭维，讨好。巴结拍马，说恭维人的话，向人讨好。明·东鲁古狂生《醉醒石》第八回："他却小器易盈。况且是个小人，在人前不过一味阿谀奉承。"
反复无常		【反复无常】fǎn fù wú cháng 反复：颠过来倒过去。无常：没有常态。经常变化，没有稳定的状态。形容变动不定或狡诈多变。多用来形容人常变卦，不可靠。南朝梁·吴均《行路难》："当年翻覆无常定。"
恶贯满盈		【恶贯满盈】è guàn mǎn yíng 恶：罪恶。贯：穿钱的绳子。每一千枚为一贯。盈：满。罪恶多得像穿钱一样，已经穿满了一贯还没完。形容罪大恶极，已经到该受惩罚的时候了。《尚书·泰誓》："商罪贯盈，天命诛之。"
鬼哭狼嚎		【鬼哭狼嚎】guǐ kū láng háo 嚎：大声叫或哭喊。像鬼和狼一样哭喊。形容大声哭叫、声音凄厉。《醒世姻缘传》廿回："又神差鬼使，叫他里面嚷打做鬼哭狼号。"

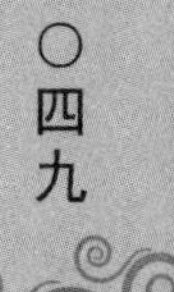

成语	印	释义
灭此朝食		【灭此朝食】miè cǐ zhāo shí 此：这，指这伙敌人；朝食：吃早饭。消灭了敌人以后再吃早饭。形容急于消灭敌人。《左传·成二年》："齐侯曰：'余姑翦灭此而朝食！'不介马而驰之。"
贫贱骄人		【贫贱骄人】pín jiàn jiāo rén 骄人：性高气傲的人。指身虽贫贱而却对富贵权势持鄙视态度。汉·司马迁《史记·魏世家》："子击逢文侯之师田子方于朝歌，引车避，下谒，田子方不为礼。子击因问曰：'富贵者骄人乎？且贫贱者骄人乎？'子方曰：'亦贫贱者骄人耳！'"
尽人皆知		【尽人皆知】jìn rén jiē zhī 尽：合部。所有的人都知道。清·曹雪芹《红楼梦》第五十一回："老少男女，俗语口头，人人皆知皆说的。"
救火扬沸		【救火扬沸】jiù huǒ yáng fèi 意思是只能治标，无暇治本，形容情况危急。《史记·酷吏列传》："当是之时，吏治若救火扬沸。"

成语	印	释义
回肠九转		【回肠九转】huí cháng jiǔ zhuǎn 形容焦急忧伤，十分痛苦。语本汉·司马迁《报任少卿书》“是以肠一日而九回”。
各奔前程		【各奔前程】gè bèn qián chéng 奔：奔向。程：道路。前程：前途。各走各的道，寻找自己的前途。比喻各人分别向自己认定的目标前进。
奉命唯谨		【奉命唯谨】fèng mìng wéi jǐn 奉命：恭敬地接受命令。唯：只有，只是。谨：小心谨慎。恭敬地接受命令，小心谨慎地去办。明·陶宗仪《辍耕录·卷十五·高丽民守节》：“诸官奉命唯谨。”
反经行权		【反经行权】fǎn jīng xíng quán 经：常道；权：指权宜的办法。在必要的时候，违反常道，采用权宜之计。《史记·太史公自序》：“诸吕为从，谋弱京师，而勃（周勃）反经合于权。”

成语	印	释义
反唇相稽		【反唇相稽】fǎn chún xiāng jī 反唇：回嘴，顶嘴。稽：争论，计较。受到指责不服气，抓住对方话柄，反过来责问对方。用在与他人争论时的场合。
结草衔环		【结草衔环】jié cǎo xián huán 据《续齐谐记》载：杨宝救一黄雀，黄雀衔玉环回报。比喻感恩报德，誓死不忘。
截趾适屦		【截趾适屦】jié zhǐ shì jù 趾：脚；屦：麻鞋，鞋。割截脚趾来适合鞋子的大小。比喻一味迁就，勉强凑合，反倒害事。《后汉书·荀爽传》："截趾适屦，孰云其愚。"
寄人篱下		【寄人篱下】jì rén lí xià 寄：依附，倚靠。篱：篱笆。依附在别人的篱笆下。唐·李延寿《南史·张融传》："丈夫当删诗书，制礼乐，何至因循寄人篱下？"原意是指文章著述应当自创一体，比喻因袭他人。后比喻依附他人门下讨生活，不能独立谋生。

成语	印	释义
不甘寂寞		【不甘寂寞】bù gān jì mò 甘：甘心情愿。寂寞：冷漠、孤单、无声无息。形容不甘心受冷落或置身事外，或者不情愿无声无息。清·吕留良《与高旦中书》第二卷："念头淡薄，自然删落，若不甘寂寞，虽外事清高，正是以退为进。"
臣门如市		【臣门如市】chén mén rú shì 臣：封建时代官员自称；市：集市，商场。《汉书·郑崇传》："上（汉哀帝）责崇曰：'君门如市人，何以欲禁切主上？'崇对曰：'臣门如市，臣心如水。愿得考复。'"后用来形容权贵之家宾客很多。
步调一致		【步调一致】bù diào yī zhì 步调：走路时脚步的大小快慢。比喻进行某种活动采取同一步骤，同一方式。
不刊之论		【不刊之论】bù kān zhī lùn 刊：消除，改正。古代把字写在竹简或木板上，有错误时，或改动或删去。不刊：不能消除，不可删改。内容正确，不能更改的论断。

成语	印	释义
目空一切		【目空一切】mù kōng yī qiè 空：什么也没有。什么都不放在眼里。形容骄傲自大，眼底无人。清·李汝珍《镜花缘》五二回："但他恃着自己学问，目空一切，每每把人不放在眼内。"
绝少分甘		【绝少分甘】jué shǎo fēn gān 指自己刻苦，待人优厚。语出《孝经援神契》。
内外交困		【内外交困】nèi wài jiāo kùn 交：同时，一齐。困：困难，困窘。内部、外部困难错综复杂，交织在一起。
仅以身免		【仅以身免】jǐn yǐ shēn miǎn 仅：才能够。身：自身。免：避免。指没有被杀或只身逃出了险境。《战国策燕策二》"齐王逃遁走莒，仅以身免。"

成语	印	释义
不治之症		【不治之症】bù zhì zhī zhèng 指无法医治的病。也比喻无法挽救的祸患或无法改正的据点错误。明·冯梦龙《醒世恒言》一〇卷："太医诊了脉，说道：'……此乃不治之症。'"
不栉进士		【不栉进士】bù zhì jìn shì 栉：梳头；进士：隋唐以来科举的一种名目，应试的都是男子。不绾髻插簪的进士。唐·刘讷言《谐噱录》："关图有妹能文，每语人曰：'有一进士，所恨不栉耳。'"旧时比喻有才华的女子。
不稼不穑		【不稼不穑】bù jià bù sè 稼：耕种。穑：收割庄稼。指不从事农业生产劳动。《诗经·魏风·伐檀》："不稼不穑，胡取禾三百廛兮？"
不足齿数		【不足齿数】bù zú chǐ shǔ 数不上，不值得一提。含有极端轻视的意思。鲁迅《呐喊·阿Q正传》："从先前的阿Q看来，小D本来是不足齿数的。"

成语	印	释义
南山可移		【南山可移】nán shān kě yí 南山：终南山。移：移动。即使终南山可以移走，判决也不可动摇。谓案件已经判定，绝不可更改。
贫病交迫		【贫病交迫】pín bìng jiāo pò 交：一齐，同时。迫：压上。贫困和疾病一齐压在身上。清·曹雪芹《红楼梦》："暮年之人，那禁得贫病交攻，竟渐渐的露出了那下世的光景来。"
牛鼎烹鸡		【牛鼎烹鸡】niú dǐng pēng jī 牛鼎：古代能盛煮整只牛的大炊器。烹：煮。用煮整牛的大鼎煮一只鸡。比喻大材小用。南朝·宋·范晔《后汉书·边让传》："传曰：'函牛之鼎以享（烹）鸡，多汁则淡而不可食，少汁则熬而不可熟。'此言大器之于小用，固有所不宜也。"
举一反三		【举一反三】jǔ yī fǎn sān 反：类推。谓触类旁通。比喻学习中善于思考，能够由此及彼。《论语·述而》："举一隅不以三隅反，则不复也。"

成语	印	释义
毫厘千里	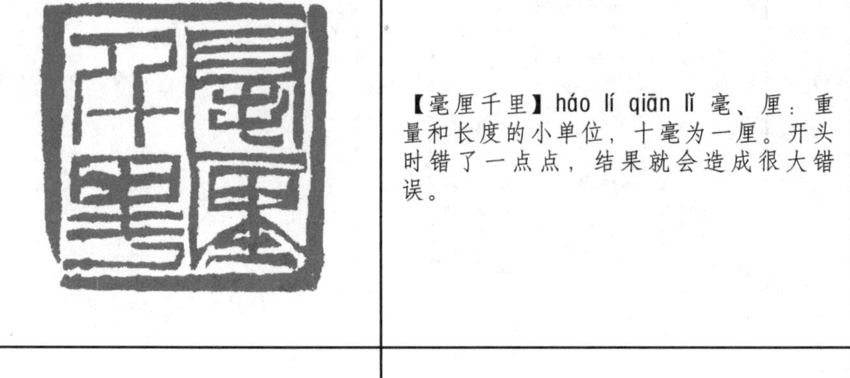	【毫厘千里】háo lí qiān lǐ 毫、厘：重量和长度的小单位，十毫为一厘。开头时错了一点点，结果就会造成很大错误。
发指眦裂		【发指眦裂】fà zhǐ zì liè 指：竖起。眦：眼眶。头发向上竖起，眼眶也裂开。形容极度悲伤或愤怒。
非异人任		【非异人任】fēi yì rén rèn 异人：别人；任：责任。《左传·襄公二年》："公（郑成公）曰：'楚君以郑故，亲集矢于目，非异人任，寡人也。'"意思是楚共（gong）王为了救郑，在鄢陵之战中眼睛中箭，这不是别人的责任，是我的责任。后来就用"非异人也"表示某事应由自己承担责任。
苟且偷安		【苟且偷安】gǒu qiě tōu ān 不思进取，不顾将来，只贪图眼前的安宁。宋·苏轼《策略三》："天下独患柔弱而不振，怠惰而不肃，苟且偷安而不知长久之计。"

成语	印	释义
乃心王室		【乃心王室】nǎi xīn wáng shì　乃：汝，你；王室：指朝廷。《尚书·康王之诰》："虽尔身在外，乃心罔不在王室。"（罔，无。）意思是人在外面，心在朝廷。后来就用"乃心王室"比喻爱国。
脑满肠肥		【脑满肠肥】nǎo mǎn cháng féi　脑满：指肥头大耳。肠肥：肠子脂肪多，体胖。形容生活优裕的人养得大腹便便，肥头大耳的样子。
镂尘吹影		【镂尘吹影】lòu chén chuī yǐng　镂：雕刻。工艺精细到吹影子，刻尘土。比喻工艺精细到不见形迹。《关尹子·一字》："言之如吹影，思之如镂尘。"
木已成舟		【木已成舟】mù yǐ chéng zhōu　木头已经做成了船。比喻事情已成定局，不可改变了。清·夏敬渠《野叟曝言》："据你说来，则木已成舟，实难换回了？"

博学多才		【博学多才】bó xué duō cái 博：广博，知道得多。才：才能。学识广博，有各方面的才能。
不谋而合		【不谋而合】bù móu ér hé 谋：计议，商议。合：相合，一致。事先没有商量过而彼此意见或行动却完成全一致。晋·干宝《搜神记》第二卷："二人之言，不谋而合。"
崇山峻岭		【崇山峻岭】chóng shān jùn lǐng 崇：高。峻：山高而陡。高大陡险的山岭。晋·王羲之《兰亭集序》："此地有崇山峻岭，茂林修竹。"
不拘一格		【不拘一格】bù jū yī gé 不拘：不拘泥，不限制。格：规格，标准。指不限定于一种规格和方式。《镜花缘》第六八回："妹子画个长安送别图，大家或赠诗或赠赋，不拘一格，姐姐可肯留点笔墨传到数万里外。"

成语	印	释义
美女簪花		【美女簪花】měi nǚ zān huā 簪：插戴。美女头上戴花。比喻书法娟秀多姿或诗文风格秀丽。诗文及书法中均有美女簪花格。
难言之隐		【难言之隐】nán yán zhī yǐn 言：说。隐：隐衷，隐情，藏在内心深处的事。难以说出口的隐情。清·钱谦益《跋留庵》："钱氏少为党魁，晚托禅悦，生平颇多壹郁难言之隐。"
奴颜媚骨		【奴颜媚骨】nú yán mèi gǔ 奴颜：奴才的面孔。媚：献媚。一张奴才的面孔，一副献媚的骨头。形容像奴才那样低三下四地讨好别人的丑态。
幕天席地		【幕天席地】mù tiān xí dì 幕：帐幕。把蓝天当作帐幕，把大地当作"铺席"。形容行为放浪旷达，也形容野外的生活情景。晋·刘伶《酒德颂》："行无辙迹，居无室庐，幕天席地，纵意所如。"

不敢越雷池一步		【不敢越雷池一步】bù gǎn yuè léi chí yī bù　雷池：古代雷水的别称。雷水流至今安徽省长望江县东南，积而为池，故名。这里借指一定的界限。指只是在一定的界限内活动，不敢越出一步。形容思想言行特别小心拘谨；只按老规矩办事。
不吝指教		【不吝指教】bù lìn zhǐ jiào　吝：吝惜；不吝惜自己的意见，指出缺点错误，提出批评。请人指教的客气话。
不足为凭		【不足为凭】bù zú wéi píng　不足：不值得。凭：凭据。不能当作凭证或根据。
不速之客		【不速之客】bù sù zhī kè　速：邀请。没有经过邀请而突然到来的客人。指意想不到的客人。《周易·需》：“有不速之客三人来。”

成语	印	释义
七上八下		【七上八下】qī shàng bā xià　形容心神不安或无所适从的样子。亦形容纷乱不齐，也表示过得去。金·董解元《西厢记诸宫调》卷三：“君瑞心头怒发，忿得来七上八下，烦恼身心怎按捺？”
涅而不缁		【涅而不缁】niè ér bù zī　涅：矿物名，古代用作黑色染料；缁：黑色。用涅染也染不黑。比喻不受坏环境的影响。《论语·阳货》：“不曰白乎，涅而不缁。”
牝鸡司晨		【牝鸡司晨】pìn jī sī chén　母鸡报晓。旧时比喻妇女窃权乱政。《尚书·牧誓》：“牝鸡无晨。牝鸡之晨，惟家之索。”
绵里藏针		【绵里藏针】mián lǐ cáng zhēn　绵絮里边藏着针。比喻外表温柔，内里却有胆有识。也比喻柔中有刚。明·西周生《醒世姻缘传》：“当日说知心，绵里藏针。”

成语	印	释义
藏之名山，传之其人		【藏之名山，传之其人】cáng zhī míng shān, chuán zhī qí rén　藏：收存收藏；传：传给；其人：那个人，指跟自己心意相同的人。把著作收藏在名山里，留着传给志同道合的人。汉·司马迁《报任少卿书》：“仆诚以著此书，藏之名山，传之其人，通邑大都，则仆偿前辱之责。”
不可逾越		【不可逾越】bù kě yú yuè　不能超过或不能越过。《左传·襄公三十年》：“门不容车，而不可逾越。”
别有用心		【别有用心】bié yǒu yòng xīn　用心：存心，打算。另有使用心力的地方。心中另有打算。现多指心里打着坏主意。表示另有不可告人的动机、企图。
不可磨灭		【不可磨灭】bù kě mó miè　磨灭：经过相当长的时间逐渐消失。形容无法使其消失。明·唐顺之《答茅鹿门知县》二：“索其所谓真精神与千古不可磨灭之见，绝无有也。”

成语	印	释义
剖腹藏珠		【剖腹藏珠】pōu fù cáng zhū　剖：破开。破开肚子藏珍珠。比喻重财宝而不爱惜性命，轻重倒置。宋·司马光《资治通鉴·唐太宗贞观元年》："上（唐太宗）谓侍臣曰：'吾闻西域贾胡得美珠，剖身而藏之。'"
面目全非		【面目全非】miàn mù quán fēi　面目：样子。非：不是。完全不是原来的样子。形容事物变化巨大。清·蒲松龄《聊斋志异·陆判》："举首则面目全非，又骇极。"
巧言令色		【巧言令色】qiǎo yán lìng sè　令色：讨好的表情。形容用花言巧语和谄媚的态度来迷惑、取悦他人。《论语·学而》："巧言令色，鲜矣仁。"
鸡皮鹤发		【鸡皮鹤发】jī pí hè fà　鹤发：指白头发；鸡皮：形容皮肤有皱纹。形容老人的肤皱发白。北周·庾信《庾子山集·竹仗赋》："子老矣，鹤发鸡皮，蓬头历齿。"

利市三倍		【利市三倍】lì shì sān bèi 旧时形容买卖获利极多。语本《周易·说卦》“为近利，市三倍”。
量入为出		【量入为出】liàng rù wéi chū 量：衡量。入：收入。出：支出。根据收入的多少来决定支出的限度。
嫠不恤纬		【嫠不恤纬】lì bù xù wěi 嫠：寡妇；恤：忧虑；纬：纬纱，织布的横线。《左传·昭公二十四年》：“嫠不恤纬，而忧宗周之陨，为将及焉。”意思是寡妇不怕纬纱少，织不成布，只怕亡国。后来就用“嫠不恤纬”比喻忧国忘家。
落拓不羁		【落拓不羁】luò tuò bù jī 落拓：性情放纵。羁：束缚。形容人的行为自由奔放，无拘无束。清·曾朴《孽海花》：“可是骥东官职虽是武夫，性情却完全文士，恃才傲物，落拓不羁。”

成语	印	释义
厉兵秣马		【厉兵秣马】lì bīng mò mǎ　厉：磨；兵：兵器；秣：喂。把兵器磨好，把马喂饱。形容准备战斗。
马工枚速		【马工枚速】mǎ gōng méi sù　马、枚：指司马相如、枚皋。工：好。速：快。指司马相如文章写得好；枚皋文章写得快。后来以称选人的才能各有所长。汉·班固《汉书·枚乘传》：“（枚皋）为文疾，受诏辄成，故所赋者多；司马相如善为文而迟，故所作少而善于皋。”
犁庭扫闾		【犁庭扫闾】lí tíng sǎo lǘ　庭：堂阶前，庭院；闾：里巷，里巷的门。把庭院犁平来种田，把村庄扫荡乱废墟。比喻彻底摧毁对方。
蒙袂辑屦		【蒙袂辑屦】méng mèi jí jù　袂：衣袖。蒙袂：用袖子蒙住脸。辑屦：拖着鞋子不使脱落。用衣袖蒙着脸，脚上拖着鞋子走着。形容非常饥疲困乏。

成语	印	释义
力不胜任		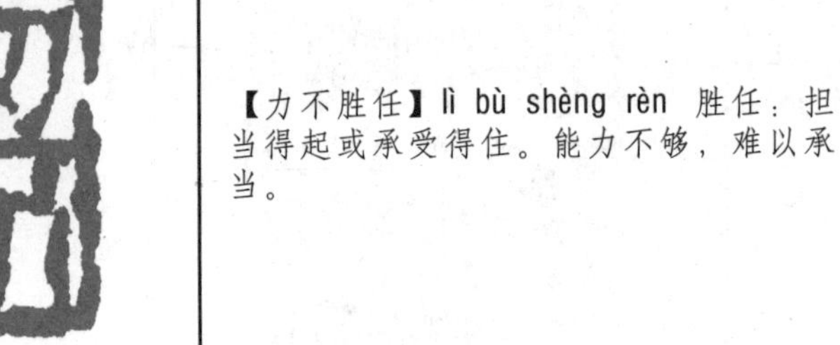 【力不胜任】lì bù shèng rèn 胜任：担当得起或承受得住。能力不够，难以承当。
荦荦大者		【荦荦大者】luò luò dà zhě 荦荦：分明的样子。很显著的大的方面。《史记·天官书》："此其荦荦大者，若至委曲小变，不可胜道。"
立此存照		【此立存照】lì cǐ cún zhào 旧时契约、照会等文书的习惯用语。此：这个，指字据或文书；存：保存；照：察看，查考。立下这个字据，保存起来作为查考的依据。
面无人色		【面无人色】miàn wú rén sè 脸上没有血色。形容极度恐惧之状，亦形容因病痛、饥饿而十分虚弱的样子。

成语	印	释义
理屈词穷		【理屈词穷】lǐ qū cí qióng 理：道理，理由。屈：短，尽。穷：穷尽。理由站不住脚，无话可说。《论语·先进》："是故晋夫佞者。"朱熹注："子路之言，非其本意，但理屈词穷，而取辩于口以御人耳。"
马翻人仰		【马翻人仰】mǎ fān rén yǎng 人马都被打得仰翻在地。形容惨败的狼狈相。也比喻乱得不可收拾。
买椟还珠		【买椟还珠】mǎi dú huán zhū 椟：木匣。珠：珍珠。买下了盛珍珠的盒子，却退还了匣子里的珍珠。比喻舍本逐末，取舍不当。《韩非子·外储说上》载：一个楚国人到郑国卖珍珠，一个郑国人却买了精致的装珠匣而退回了珍珠。
漠然置之		【漠然置之】mò rán zhì zhī 漠然：冷淡的样子。置：放，搁置。冷淡地把事情搁到一边。形容对人或事态度冷漠，不理不睬。宋·高斯得《耻堂存稿·直前奏事》："今被灾之地既广，然徒责之诸司州郡乎？"

立锥之地		【立锥之地】lì zhuī zhī dì 立锥：插锥子。指插锥子的地方。比喻能容身的极小的地方。
力不从心		【力不从心】lì bù cóng xīn 从：依从，顺从。心里想做某事，但是力量不够，指心有余而力不足。《后汉书·西域传》："今使者大兵未能得出，如诸国力不从心，东西南北自在也。"
碌碌无为		【碌碌无为】lù lù wú wéi 碌碌：平庸的样子。指人平平庸庸，无所作为。杨沫《青春之歌》第一部："我早就这样想，与其碌碌无为地混这一生，不如壮烈地去死。"
六尺之孤		【六尺之孤】liù chǐ zhī gū 六尺：周代一尺相当于现在六寸。指未成年的孤儿。《论语·泰伯》："曾子曰：'可以托六尺之孤，可以寄百里之命。'"

成语	印	释义
空洞无物		【空洞无物】kōng dòng wú wù 空洞：空虚，没有什么内容。形容言谈、文章等极其空泛，没有什么内容。
空谷传声		【空谷传声】kōng gǔ chuán shēng 谷：山谷。空旷的山谷中发出声响，立即可以听到回声。比喻反响迅速。南朝·梁武帝萧衍《净业赋》："若空谷之应声，似游形之有影。"
倒持泰阿		【倒持泰阿】dào chí tài ē 泰阿：古代宝剑名。倒拿着宝剑，把剑柄交给别人。比喻轻率地把权柄交给别人，自己反受其害。《汉书·梅福传》："倒持泰阿，授楚其柄。"
狼吞虎咽		【狼吞虎咽】láng tūn hǔ yàn 像狼虎一样吞食。形容吃东西又猛又急的样子。清·李宝嘉《官场现形记》三四回："不上一刻工夫，狼吞虎咽，居然吃个精光。"

成语	印	释义
临阵脱逃		【临阵脱逃】lín zhèn tuō táo 脱：离开。临到上阵打仗时却逃跑了。比喻事到临头或遇到困难的时候，退缩逃避。
六亲不认		【六亲不认】liù qīn bù rèn 六亲：一般指父、母、兄、弟、妻、子。谓不认所有亲属。形容不通人情世故。也指对谁都不讲情面，不徇私情。
免开尊口		【免开尊口】miǎn kāi zūn kǒu 免：免除，不要。要对方不要开口的委婉说法。有时带有讽刺意味。清·文康《儿女英雄传》第二十六回："要是方才伯父和九公说的那套，我都听见了，也明白了，免开尊口。"
勉为其难		【勉为其难】miǎn wéi qí nán 勉：勉强。为：做，干。勉强去做力所不及或不愿意去做的事情。

蓝田生玉		【蓝田生玉】lán tián shēng yù 蓝田：山名，在陕西蓝田县东南，古时出产美玉。旧时比喻贤父生贤子。
昏天黑地		【昏天黑地】hūn tiān hēi dì 昏：黑暗。指天色漆黑，不能辨别方向。也形容昏昏沉沉，神志不清，糊里糊涂。元·关汉卿《调风月》二折："去年时没人将我拘管收拾，打千秋，闲斗草，直到个昏天黑地。"
讳莫如深		【讳莫如深】huì mò rú shēn 讳：瞒着不说。深：事件重大。原指事情重大，因而隐瞒不言。后比喻隐瞒得非常严，唯恐别人知道。
呆若木鸡		【呆若木鸡】dāi ruò mù jī 愣着不动，像只木头鸡。形容人痴呆或因惊恐而发愣的神态。

成语	印	释义
迷离惝恍		【迷离惝恍】mí lí tǎng huǎng 迷离：模糊不清。惝恍：神志不清。谓神志或眼睛迷迷糊糊而分辨不清。
量材录用		【量材录用】liàng cái lù yòng 量：估量，按照；材：能力；录用：录取使用。按照才能大小分配适当的工作。
良工心苦		【良工心苦】liáng gōng xīn kǔ 良工：技艺高明的工匠。优秀工匠制作的精品，都要经过一番苦心经营。
心悦诚服		【心悦诚服】xīn yuè chéng fú 悦：愉快。诚：真心。心里由衷地高兴，真诚地佩服。指诚心诚意地服气或服从。

成语	印	释义
打成一片		【打成一片】dǎ chéng yī piàn　原指把各种感情或遭遇都看成是同一回事。泛指不同的部分融合成一个整体。现多指人与人相互间关系密切，如同一体。
惠然肯来		【惠然肯来】huì rán kěn lái　惠然：友爱的样子。友好地肯来作客，好比说“惠顾”、“光临”（欢迎客人的常用语）。
短小精悍		【短小精悍】duǎn xiǎo jīng hàn　精悍：精明勇猛。指人身材短小而精明勇悍。比喻文章等精炼简短而有力。
寸步不离		【寸步不离】cùn bù bù lí　寸步：极短的距离。一步也不离开。形容两个人总是在一起，感情很融洽。也指距离很近，不离前后左右。

积谷防饥		【积谷防饥】jī gǔ fáng jī 积贮粮食以防饥荒。
聊备一格		【聊备一格】liáo bèi yī gé 聊：姑且。备：准备。格：规格，格式。姑且备为一种风格或格式。指某一事物虽不是尽善尽美，但也应该给以存在的地位。
伶仃孤苦		【伶仃孤苦】líng dīng gū kǔ 孤：很小就没有父母；伶仃：孤独，没有依告。困苦孤单，无依无靠。
流金铄石		【流金铄石】liú jīn shuò shí 流：使流动。铄：销熔，熔化。形容天气酷热，好像可以使金石熔化一样。

成语	印	释义
空头支票		【空头支票】kōng tóu zhī piào　空头：有名无实的。支票：向银行取款或拨款的票据。指有名无实的支票，不能兑现。现多比喻不能实现的诺言或保证。
口血未干		【口血未干】kǒu xuè wèi gān　古代君主在定约的时候，要饮血或以血抹口来盟誓，所以用“口血未干”表示定约不久。多用于责备背约。
老生常谈		【老生常谈】lǎo shēng cháng tán　老生：老书生。原指老书生经常谈论的事物或观点。后泛指毫无新意的理论或老话。
苛捐杂税		【苛捐杂税】kē juān zá shuì　苛：苛细、繁重。杂：多种多样的。苛细繁重的捐税。

令行禁止		【令行禁止】lìng xíng jìn zhǐ　令：命令。行：执行。禁：禁令。有令必行，命令发布就马上行动；有禁必止，命令停止就立刻停止。形容法令通畅而严明。
流离转徙		【流离转徙】liú lí zhuǎn xǐ　流离：到处流浪。徙：迁移。到处流浪不断地从一处迁移到另一处。
寥寥无几		【寥寥无几】liáo liáo wú jǐ　寥：稀少，很少。无几：没有几个。形容非常稀少，没有几个。
栗栗危惧		【栗栗危惧】lì lì wēi jù　栗栗：害怕得发抖。形容非常害怕。

成语	印	释义
举目无亲		【举目无亲】jǔ mù wú qīn 举目：抬头看。抬头四望，没有一个熟人。形容人地生疏，孤独无依。
孔武有力		【孔武有力】kǒng wǔ yǒu lì 孔：甚，很。很威武而有力量。形容人很有勇力。
乐天知命		【乐天知命】lè tiān zhī mìng 天：天命，天的意志。命：命运。以听任命运的安排为快乐，并安于自己的处境。
见风使舵		【见风使舵】jiàn fēng shǐ duò 看风向掌舵。比喻随机应变看形势办事。多用在看人眼色或势头行事，随风摇摆，没有原则。也表示观察情势，灵活对付。

成语	印	释义
漏洞百出		【漏洞百出】lòu dòng bǎi chū 漏洞：不周密的地方。百出：形容出现次数很多。破漏的地方非常多。比喻说话、写文章或做事破绽很多。
聊胜于无		【聊胜于无】liáo shèng yú wú 聊：姑且，略微。比没有略好一些。
两败俱伤		【两败俱伤】liǎng bài jù shāng 败：失败。俱：全。斗争的双方都受到损伤。
临深履薄		【临深履薄】lín shēn lǚ bó 临：面临；深：这里指深渊；履：践踏，走过；薄：这里指薄水。面临着深渊，脚踏着薄冰。比喻谨慎小心。

成语	印	释义
举措失当		【举措失当】jǔ cuò shī dàng　举措：举动、措置。失当：不恰当。举动安排不得当。
咄咄怪事		【咄咄怪事】duō duō guài shì　咄咄：表示惊讶的声音。使人惊讶的怪事。形容事情不合理，叫人不能理解。
多愁善感		【多愁善感】duō chóu shàn gǎn　善：容易。感：伤感。常发愁，易伤感。形容人感情脆弱容易发愁或感伤。
多才多艺		【多才多艺】duō cái duō yì　具有多方面的才能和技艺。

成语	印	释义
目迷五色		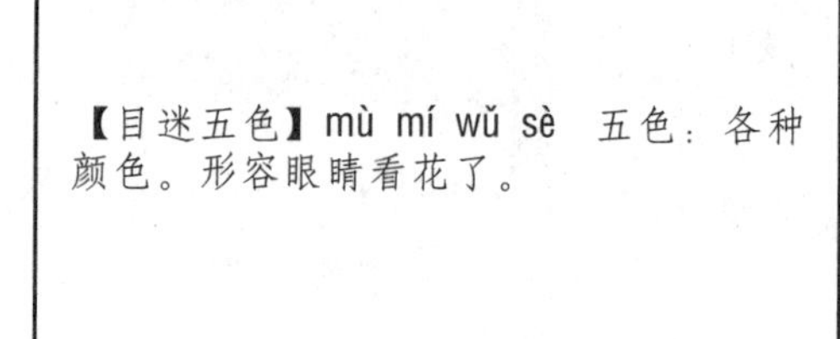 【目迷五色】mù mí wǔ sè　五色：各种颜色。形容眼睛看花了。
目中无人		【目中无人】mù zhōng wú rén　眼里没有任何人。形容高傲自大，谁也不放在眼里。
马革裹尸		【马革裹尸】mǎ gě guǒ shī　革：皮。裹：包。用马皮将尸体包起来。形容英雄战死杀场的决心和无畏气概。
扪心自问		【扪心自问】mén xīn zì wèn　扪：摸。心：胸口。摸着胸口向自己发问。指自我反思。

举国上下		【举国上下】jǔ guó shàng xià 举：全。全国上上下下的人。
居功自傲		【居功自傲】jū gōng zì ào 居功：自恃有功。自以为有功劳而骄傲自大。
来去分明		【来去分明】lái qù fēn míng 形容为人光明磊落。
聚讼纷纭		【聚讼纷纭】jù sòng fēn yún 讼：争辨。纷纭：言论多而杂乱。许多人聚在一起你一言我一语，看法不一致。形容众多的意见争辩不清，没有定论。

成语	印章	释义
漏泄春光		【漏泄春光】lòu xiè chūn guāng 春光：春天的风光景色。透露出春天来临的信息。
漏网之鱼		【漏网之鱼】lòu wǎng zhī yú 从网眼里漏出去的鱼。比喻侥幸逃脱法网的人。
麟角凤距		【麟角凤距】lín jiǎo fèng jù 凤距：凤凰的脚爪。麒麟的角和凤凰的爪。比喻虽稀罕难得但未必能用得着的东西。
鲁莽灭裂		【鲁莽灭裂】lǔ mǎng miè liè 灭裂：苟且从事。形容做事不认真考虑，粗鲁莽撞，草率从事。

口诛笔伐		【口诛笔伐】kōu zhū bǐ fá 口：指言语。诛：责罚。笔：指文字。伐：征讨。用言语和文字进行谴责和声讨。
聚蚊成雷		【聚蚊成雷】jù wén chéng léi 把很多蚊子聚到一起，它们的声音可以像雷那样响。比喻众口喧嚣，谗言纷起。《汉书·景十三传·中山靖王传》："夫众煦漂山，聚蚊成雷。"
大惊小怪		【大惊小怪】dà jīng xiǎo guài 指对不足为奇的事情过分惊讶、奇怪。
多事之秋		【多事之秋】duō shì zhī qiū 秋：年岁，时期。事故或事变很多的时期。多指国家政局等较大范围的不安定。

成语	印	释义
流离颠沛		【流离颠沛】liú lí diān pèi　流离：因灾荒战乱而流转离散；颠沛：穷困。形容流浪困苦的生活。
零敲碎打		【零敲碎打】líng qiāo suì dǎ　形容零零碎碎地、断断续续地做事。
目不暇给		【目不暇给】mù bù xiá jǐ　暇：空闲；给：供应。眼睛无暇应付。形容东西很多很好，来不及看。
蚂蚁缘槐		【蚂蚁缘槐】mǎ yǐ yuán huái　缘：顺着。蚂蚁缘着槐树上上下下爬着。

成语	印	释义
举鼎绝膑		【举鼎绝膑】jǔ dǐng jué bìn 绝：断；膑：胫骨。双手举鼎，折断胫骨。比喻能力小，不能负担重任。
多财善贾		【多财善贾】duō cái shàn gǔ 贾：作买卖。本钱多，生意就做得开。比喻具备充分的条件就容易把事情做好。
错彩镂金		【错彩镂金】cuò cǎi lòu jīn 错：涂饰。镂：雕塑。原指雕塑绘画的精美。后用以形容诗文词藻绚烂多彩。
大喊大叫		【大喊大叫】dà hǎn dà jiào 指努力宣传，大造舆论。

罗掘俱穷		【罗掘俱穷】luó jué jù qióng　罗：用网捕鸟；掘：指挖掘老鼠洞找粮食；穷：尽。原指被围城中粮食断绝的困窘情况。后来比喻无法再筹措款项。
驴鸣狗吠		【驴鸣狗吠】lǘ míng gǒu fèi　嘲笑人文章写得不好。
落井下石		【落井下石】luò jǐng xià shí　看见别人落在井里，不仅不相救，还往井下丢石头。比喻乘人危急之时，加以打击、陷害。
略见一斑		【略见一斑】luè jiàn yī bān　略：大致。斑：斑纹。大致可以看到豹子身上的一块斑纹。比喻从看到的一点可以推知事物的全部。

断壁颓垣		【断壁颓垣】duàn bì tuí yuán 垣：矮墙。坍塌的墙壁，残存的矮墙。形容破败的凄凉景象。
当轴处中		【当轴处中】dāng zhóu chǔ zhōng 轴：车轴；中：中心，中央。处在车轴中心。旧时比喻官居要地。
断烂朝报		【断烂朝报】duàn làn cháo bào 断烂：残缺杂乱。朝报：古代皇帝诏令和大臣奏章之类的传抄文件。残缺杂乱没有多少价值的传抄文件。
大材小用		【大材小用】dà cái xiǎo yòng 大器物派小用场，使用不当。比喻才能很高的人屈就于卑下职位，不能充分发挥其才智。亦指人事安排不恰当而屈才。

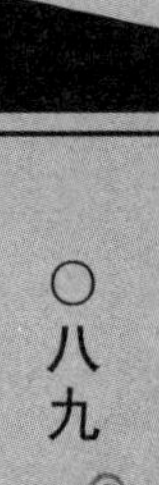

成语	印	释义
每况愈下		【每况愈下】měi kuàng yù xià　每：每一次，逐一。况：状况。愈：更加。比喻情况越来越坏。
混淆黑白	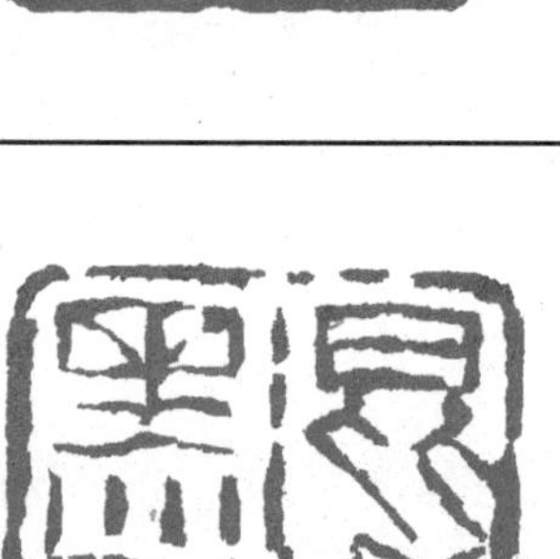	【混淆黑白】hùn xiáo hēi bái　混淆：混杂不清，使界限模糊。把黑的白的故意搅在一起。指有意制造混乱以颠倒是非。
目无下尘		【目无下尘】mù wú xià chén　下尘：下风，指地位、名望低下的。眼睛不朝下看，形容人孤僻清高，看不起地位低的人。
南面百城		【南面百城】nán miàn bǎi chéng　南面：坐北朝南，居尊位；百城：上百的城市。居高位，做大官，管辖许多地方，拥有大量财富。形容统治者的尊荣富有。

成语	印	释义
大吹法螺		【大吹法螺】dà chuī fǎ luó 法螺：僧道祭鬼神时吹的梭尾螺壳。《金光明经·选叹品》："吹大法螺，击大法鼓，燃大法炬，雨胜法雨。"后来转用以比喻说大话。
大发雷霆		【大发雷霆】dà fā léi tíng 霆：暴雷。雷霆：震耳的雷声。形容大发脾气，高声怒斥别人。
得鱼忘筌		【得鱼忘筌】dé yú wàng quán 捕得鱼后，忘了捕鱼的竹器。比喻达到目的之后，就忘记了原来的凭借。
倒绷孩儿		【倒绷孩儿】dào bēng hái ér 绷：束缚，包扎。接生婆把婴儿包扎倒了。比喻多年老手，一时疏忽误事。

愁眉苦脸		【愁眉苦脸】chóu méi kǔ liǎn 苦：痛苦。忧愁得眉头紧锁，哭丧着脸。形容愁容满面的样子。
疾足先得		【疾足先得】jí zú xiān dé 疾足：跑得快。跑得快的先得到所欲得到的东西。
蒙混过关		【蒙混过关】méng hùn guò guān 蒙：欺骗，掩盖。关：原指交通险要或边境出入地方所设之守卫处，这里泛指关口。谓用欺骗的手段混过审问或查究。常指坏人掩盖罪行，以减轻或躲过惩罚。
民生凋敝		【民生凋敝】mín shēng diāo bì 民生：人民的生计。凋敝：破落，衰败。形容社会经济衰败，人民生活困苦。

成语	印	释义
大而化之		【大而化之】dà ér huà zhī 化：感化，转化。原指把真诚、善良、完美的品德发扬光大而使人在思想品质上受到感化。后也表示做事马虎，不细心。
耳濡目染		【耳濡目染】ěr rú mù rǎn 濡：沾湿。染：沾染。耳朵经常听到，眼睛经常看到，不知不觉地受到影响。往往指人长期生活在某一环境中不知不觉地受到影响。
得不偿失		【得不偿失】dé bù cháng shī 所得到的不足以补偿所失去的。
咄咄逼人		【咄咄逼人】duō duō bī rén 咄咄：表示惊奇的声音。形容气势汹汹，盛气凌人。言语或神态中有一种威胁逼人的气势。也形容本领赶上或超过别人，使人惊诧。

成语	印	释义
略迹原情		【略迹原情】luè jì yuán qíng 略：略去。撇开表面的现象，从情理上加以原谅。
莫测高深		【莫测高深】mò cè gāo shēn 无法测量出多高多深。形容对人或事物没法揣测究竟高深到什么程度。也讽刺故弄玄虚以迷惑别人。
苗而不秀		【苗而不秀】miáo ér bù xiù 苗：指庄稼出苗；秀：吐穗开花。庄稼生长了，却不吐穗扬花。比喻虽有好的本领，却没有什么成就。也比喻虚有其表。
落落穆穆		【落落穆穆】luò luò mù mù 落穆：落寞，冷落。指待人冷淡。

厝火积薪		【厝火积薪】cuò huǒ jī xīn　厝：同“措”，放置。薪：柴草。把火置放在堆积的柴草下面。比喻潜隐着极大的祸患。
浑金璞玉		【浑金璞玉】hún jīn pú yù　璞玉：未经雕琢的玉；浑金：未经冶炼的金子。指天然美质，没有加过人工的修饰。比喻人的品质纯朴，还没有受过坏影响。
大逆不道		【大逆不道】dà nì bù dào　逆：背叛。不道：违背当时的道德标准。旧指不符合封建统治者的道德标准和宗法观念的极端叛逆行为，是为起来造反的人所加的罪名。现也用来指不合某种观念和道德标准的行为。
二三其德	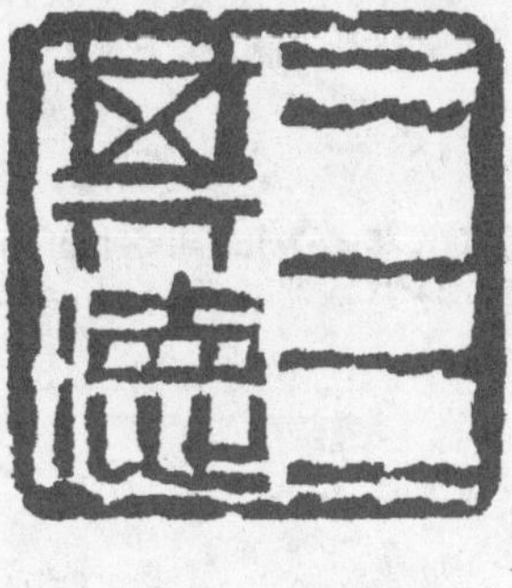	【二三其德】èr sān qí dé　二三：形容变化无常。意指不专一，三心二意，没有一定的操守。

满谷满坑		【满谷满坑】mǎn gǔ mǎn kēng　谷，两山之间的夹道或流水道；坑：地洞，深谷。
莫予毒也		【莫予毒也】mò yǔ dú yě　予：我；毒：危害。没有谁能威胁危害我了，即谁也不能把我怎么样。
豁然贯通		【豁然贯通】huò rán guàn tōng　豁然：开阔敞亮的样子。一下子搞通了。
门户之见		【门户之见】mén hù zhī jiàn　门户：比喻宗派。见：成见。因宗派关系而产生的成见。多用于学术或艺术上。

倒打一耙		【倒打一耙】dào dǎ yī pá　比喻犯了错误或干了坏事不承认，反咬对方一口。
大而无当		【大而无当】dà ér wú dàng　当：底、边际。原指说话夸大没有边际。后用来表示虽然大，但不适用。
粗枝大叶		【粗枝大叶】cū zhī dà yè　原指花草树木的枝茎粗壮。比喻文字简略或概括。现多指工作粗糙，做事不认真、不细致，不研究事物各方面的具体情况。又比喻不周密，不详细或比喻粗略的轮廓。
打草惊蛇		【打草惊蛇】dǎ cǎo jīng shé　打草时惊动伏在草中的蛇。原比喻惩治甲方以警告乙方或甲受到打击惩处，使乙感到惊慌。后多比喻行动不密而惊动对方。

命俦啸侣		【命俦啸侣】mìng chóu xiào lǚ　命：呼名；俦：同类；啸：呼。招呼同类、同伴。指招引知己朋友。
目光如豆		【目光如豆】mù guāng rú dòu　目光：眼光。眼光像豆子那样小。形容人眼光短浅，极无远见。
露尾藏头		【露尾藏头】lòu wěi cáng tóu　形容遮遮掩掩，怕露真相。
南箕北斗		【南箕北斗】nán jī běi dǒu　箕：星宿名，共四星，相联成簸箕形。斗：星宿名，共六星，相联像古代盛酒的斗。当箕、斗一同出现于南方时，箕星在南，北星在北。比喻徒有其名而无其实。

摧陷廓清		【摧陷廓清】cuī xiàn kuò qīng 摧陷：摧毁；廓清：肃清。形容彻底肃清。
对牛弹琴		【对牛弹琴】duì niú tán qín 比喻对蠢人谈论高深的道理，白费口舌。亦比喻说话时不看对象，对外行人说内行话。常含有徒劳无功或讽刺对方愚蠢之意。
断井颓垣		【断井颓垣】duàn jǐng tuí yuán 断裂的井栏，塌毁的院墙。形容田宅毁弃的破败荒凉景色。
断章取义		【断章取义】duàn zhāng qǔ yì 原指引用《诗经》中某一篇章的诗句，借用来表达自己的意思，并不是所引诗篇的原意。后泛指引用别人的诗文或谈话，只根据自己的理解或需要截取片断或部分，而不顾全文和原意。

成语	印	释义
落落大方		【落落大方】luò luò dà fāng 落落：坦率开朗，举止潇洒自然。形容人言谈举止自然大方，不拘谨。
聊复尔耳		【聊复尔耳】liáo fú ěr ěr 聊复：姑且。尔：如此，这样。耳：而已，罢了。姑且就是这样罢了。
米珠薪桂		【米珠薪桂】mǐ zhū xīn guì 珠：珍珠。薪：柴。桂：桂树。米贵得同珍珠一样，柴禾贵得同桂木一样。形容物价昂贵，人民生活很困苦。
履穿踵决		【履穿踵决】lǚ chuān zhǒng jué 履：鞋。踵：后跟。鞋磨破，后跟开裂。形容极其穷困窘迫的样子。

成语	印	释义
刺刺不休		【刺刺不休】cì cì bù xiū 刺刺：形容说话唠叨。休：停止。说话唠叨，没完没了。
对答如流		【对答如流】duì dá rú liú 回答问话像流水一样流畅迅速。形容反应敏捷，口才极好。
粗制滥造		【粗制滥造】cū zhì làn zào 粗：粗糙。滥：过多而不加以节制。原指产品制作粗糙，只求数量，不顾质量。现也泛指工作草率，不讲求质量。
胆战心惊		【胆战心惊】dǎn zhàn xīn jīng 颤：发抖。形容害怕已极。

成语	印	释义
芒刺在背		【芒刺在背】máng cì zài bèi 芒刺：谷类壳上的细刺。好像有芒刺扎在背上。形容心中惶恐不安、坐卧不宁。
南州冠冕		【南州冠冕】nán zhōu guān miǎn 冠冕：本指帽子，比喻首位，第一。南部地区的第一人。
冥行擿埴		【冥行擿埴】míng xíng zhì zhí 冥行：夜间行路；埴：黏土，指地；擿：指盲人行路，用手杖点地。比喻研究学问不识门路，暗中摸索，就像黑夜行路或盲人行路一样。
民怨沸腾		【民怨沸腾】mín yuàn fèi téng 沸腾：像水热开了那样翻腾。人民的怨恨就像开水那样地沸腾。形容人民群众对当政者的怨恨情绪已达到极点。

得意忘形		【得意忘形】dé yì wàng xíng 形：形骸，指自身的存在。高兴得控制不住自己，失去常态。形容浅薄的人稍稍得志就忘其所以。
道听途说		【道听途说】dào tīng tú shuō 道、途：路。路上听说来的，又在路上传播。指随便传说不可靠的，或没有根据的消息。
倒果为因		【倒果为因】dào guǒ wéi yīn 弄错因果关系，把结果当成原因。
从心所欲	 	【从心所欲】cóng xīn suǒ yù 从：随。欲：心意，爱好。随着自己的心意和爱好，想怎样就怎样。原指人有经验后，想法和行动不会出大错。

猫鼠同眠		【猫鼠同眠】māo shǔ tóng mián 眠：睡。猫和老鼠睡在一起。比喻上下互相包庇，一起干坏事。
祸不单行		【祸不单行】huò bù dān xíng 祸：灾难。行：到来。灾祸的到来不只是一次。指不幸的事接二连三地到来。
民脂民膏		【民脂民膏】mín zhī mín gāo 脂、膏：动植物体内的油质。比喻劳动人民用血汗换来的物质财富。
泥牛入海		【泥牛入海】ní niú rù hǎi 泥塑的牛一入大海就化为乌有。比喻一去不返，杳无音信。

成语	印	释义
多藏厚亡		【多藏厚亡】duō cáng hòu wáng　厚：大；亡：失。指货财储藏得多，往往会招致很大的损失。
鹑衣百结		【鹑衣百结】chún yī bǎi jié　鹑：即鹌鹑；鹑衣：鹌鹑的尾秃，像补丁一样，故且“鹑衣”比喻破烂衣服；结：打成结子连起来。形容衣服非常破烂。
粗茶淡饭		【粗茶淡饭】cū chá dàn fàn　粗：粗糙。淡饭：指没有可下饭的菜。指粗糙简单的饭食，形容生活简单清苦。
大惑不解		【大惑不解】dà huò bù jiě　惑：疑惑迷乱；解：理解。原指最糊涂的人迷惑不辈子。后指对某事或情况怀疑，想不通，不可理解。

成语	印	释义
南阮北阮		【南阮北阮】nán ruǎn běi ruǎn 指聚居一处而贫富各殊的同族人家。晋阮籍与侄阮咸居道南，其他阮姓居道北。南阮贫而北阮富。
谬种流传		【谬种流传】miù zhǒng liú chuán 谬：错误、差错，引申为走了样的，不正确的。种：种子。比喻荒谬错误的东西广泛散布流传下来。
鲁鱼亥豕		【鲁鱼亥豕】lǔ yú hài shǐ 因为“鱼”和“鲁”，“亥”和“豕”的篆文字形相似，所以在抄写时容易把“鱼”写成“鲁”、“亥”写成“豕”。指书籍在传写或刻印过程中的文字错误。
离经叛道		【离经叛道】lí jīng pàn dào 离：背离。叛：背叛。经：儒家经典著作。道：思想道德规范。谓思想和言行背离儒家经典和道德教条。泛指背离占主流地位的思想、理论或学说的行为。

兰艾同焚		【兰艾同焚】lán ài tóng fén　兰花和艾草一起烧掉。比喻不分好坏同归于尽。
当场出彩		【当场出彩】dāng chǎng chū cǎi　出彩：戏剧、电影中表演杀伤时，用红水涂抹，装作流血的样子。今多比喻在人面前败露秘密，露了底。
粗服乱头		【粗服乱头】cū fú luàn tóu　粗服：粗劣的衣服；乱头：蓬头。形容不讲究装饰。
大喜过望		【大喜过望】dà xǐ guò wàng　望：期望。结果超过了原来所期望的，因而分外高兴。

民康物阜		【民康物阜】mín kāng wù fù 康：安；阜：多，盛。百姓平安，物资丰富。
鸡犬升天		【鸡犬升天】jī quǎn shēng tiān 比喻一个人飞黄腾达，和他有关的人也跟随着得势。
明哲保身		【明哲保身】míng zhé bǎo shēn 明哲：明智，通达事理。指洞察事理、聪慧明智的人善于保全自己。也指为了个人得失不坚持原则，消极处世。
目无全牛		【目无全牛】mù wú quán niú 全牛：一头整个儿的牛。眼睛里没有整个儿的牛，只有牛的筋骨结构。比喻技术熟练到了得心应手的境地。

成语	印	释义
阿谀逢迎		【阿谀逢迎】ē yú féng yíng 阿：迎合讨好。谀：奉承谄媚。逢迎，主动迎合。谄媚拍马投合对方的心意，竭力向人讨好。多用于下对上，也用于平辈之间。
大巧若拙		【大巧若拙】dà qiǎo ruò zhuō 真正灵巧的人，不自己炫耀，表面上却好像很笨拙。
多多益善		【多多益善】duō duō yì shàn 益：更加。善：好。越多越好，不厌其多。
蠢蠢欲动		【蠢蠢欲动】chǔn chǔn yù dòng 蠢蠢：爬虫蠕动的样子。形容像虫子一样蠕蠕爬动。比喻敌人策划准备进攻，或坏人准备捣乱破坏。

鲁鱼帝虎		【鲁鱼帝虎】lǔ yú dì hǔ　指书籍在传抄、刊印过程中的文字错误。
名落孙山		【名落孙山】míng luò sūn shān　名字排在孙山后面。指考试未被录取，榜上无名。
另眼相看		【另眼相看】lìng yǎn xiāng kàn　用另一种不同于一般的眼光看待。形容特别重视，不同于寻常。
鸡犬不留		【鸡犬不留】jī quǎn bù liú　连鸡狗都不留下。形容斩尽杀绝或抢掠一空。

大海捞针		【大海捞针】dà hǎi lāo zhēn　在大海里捞一枚针。比喻范围大，没有线索，事情很难办成。含有白费力气之意。
愁云惨雾		【愁云惨雾】chóu yún cǎn wù　愁苦的思绪像阴暗的乌云，凄惨的情景似迷漫着的浓雾。形容极端愁苦凄惨的景象。
寸草不留		【寸草不留】cùn cǎo bù liú　寸草：小草。一根小草也不给留下。比喻把人斩尽杀绝或把东西破坏殆尽，什么也不留下。比喻把头发剃得精光。形容遭到天灾人祸后破坏得十分严重的景象。
多难兴邦		【多难兴邦】duō nàn xīng bāng　邦：国家。指国家遭受的灾难多，可以激发人民发愤图强，使国家转而强盛起来。

见机而作		【见机而作】jiàn jī ér zuò 作：起，动作。意思是察觉到事物细微的动向就抓紧时机先行动起来。现在多指看到适当的时机就立即行动，有灵活处理的意思。
灭顶之灾		【灭顶之灾】miè dǐng zhī zāi 灭：淹灭。顶：头顶。被大水淹没头顶的灾难。比喻致命的、毁灭性的灾难。
老羞成怒		【老羞成怒】lǎo xiū chéng nù 老：很，极。羞愧到极点，下不了台，而大发脾气。
秣马厉兵		【秣马厉兵】mò mǎ lì bīng 秣：喂。厉：磨。兵：兵器。喂饱战马，磨好兵器。谓作好战前准备，随时投入战斗。

措置裕如		【措置裕如】cuò zhì yù rú　措置：安排，料理；裕如：宽缓地。形容处理事情从容不迫，不费气力，却完成得很好。
看人眉睫		【看人眉睫】kàn rén méi jié　看人脸色的意思。
每下愈况		【每下愈况】měi xià yù kuàng　况：由此照而显明；愈：越，更加。比喻越从低微的事情上推求，就越能看出道的真实情况，就越能看清事物的真相。
没精打采		【没精打采】méi jīng dǎ cǎi　精：精神。采：神色。情绪低落，提不起精神。形容精神萎靡，不振作。

罗雀掘鼠		【罗雀掘鼠】luò què jué shǔ　用网捕麻雀，挖掘老鼠洞找粮食。旧时比喻用尽办法筹措款项。
莫可名状		【莫可名状】mò kě míng zhuàng　莫可：不能。名：说出。状：形状。没有办法描绘出它的样子来。指事物特别微妙或复杂，无法形容。
家无儋石		【家无儋石】jiā wú dàn dàn　儋：古代容量单位，两石（二十斗）为儋。儋石：亦作“担石”，指粮食不多。家里没有多少存粮。形容家境不富裕。
民穷财尽		【民穷财尽】mín qióng cái jìn　人民生活贫穷困苦，国家财力也耗尽了。

成语	印	释义
盗憎主人		【盗憎主人】dào zēng zhǔ rén　盗贼憎恨被他盗窃、抢劫的主人。比喻坏人怨恨正直的人。
茫无头绪		【茫无头绪】máng wú tóu xù　茫：形容水或其他事物很多，没有边际。头绪：复杂纷乱的事情中的条理。形容一点头绪也没有，或事情摸不到边，不知从何着手。
断线风筝		【断线风筝】duàn xiàn fēng zhēng　断了线的风筝。比喻人走以后，去向不明，杳无音信。
忙里偷闲		【忙里偷闲】máng lǐ tōu xián　偷：抽出。闲：空闲。比喻在繁忙中抽出一点时间。

格格不入		【格格不入】gé gé bù rù 格格：阻碍，隔阂。入：融洽。形容彼此抵触，不调合，不相容。
高枕无忧		【高枕无忧】gāo zhěn wú yōu 把枕头垫得高高的，无忧无虑地睡大觉。原形容平安无事，不必担忧。后也指思想麻痹，放松警惕。
沆瀣一气		【沆瀣一气】hàng xiè yī qì 沆瀣：夜间的水气。这里指唐僖宗时，担任主考官的崔沆，录取了一个叫崔瀣的考生。有人开玩笑，将他俩的单名“沆瀣”两字连起来。把“沆”、“瀣”两人连成一气。比喻臭味相投的人结合在一起。
沽名钓誉		【沽名钓誉】gū míng diào yù 沽：买。钓：比喻用手段取得。用种种不正当的手段极力谋取好名誉。

大题小作		【大题小作】dà tí xiǎo zuò　比喻把重大问题当作小事情来处理。
门无杂宾		【门无杂宾】mén wú zá bīn　杂：庞杂。宾：宾人。家里来往的没有不三不四的客人。形容为人慎重，不乱交朋友。
措手不及		【措手不及】cuò shǒu bù jí　措手：着手处理，应付。不及：来不及。着手处理已来不及了。形容事情来得突然，缺乏准备，来不及应付。
洛阳纸贵		【洛阳纸贵】luò yáng zhǐ guì　《晋书·文苑传》记载，左思写《三都赋》，构思了十年，写成以后，抢着抄写的人极多，以致络阳的纸都涨价了。比喻著作风行一时。

成语	印	释义
谷贱伤农		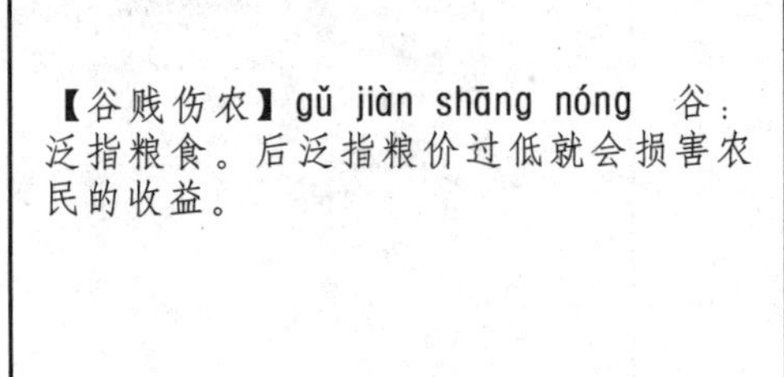 【谷贱伤农】gǔ jiàn shāng nóng　谷：泛指粮食。后泛指粮价过低就会损害农民的收益。
反面教员		【反面教员】fǎn miàn jiào yuán　指站在和人民敌对的立场、与人民为敌的人的言行，可以从反面教育人民。
姑妄言之		【姑妄言之】gū wàng yán zhī　姑：姑且。妄：随便。姑且随便听听，不一定有什么道理。多用做自谦之辞。
苟延残喘		【苟延残喘】gǒu yán cán chuǎn　苟延：勉强延续；残喘：临死前的喘息。比喻暂时免强维持生存。

得过且过		【得过且过】dé guò qiè guò 得：能够。且：姑且。只要勉强过得去，就这样过下去。形容胸无大志，没有长远打算，也指工作敷衍塞责，不负责任。
名下无虚		【名下无虚】míng xià wú xū 名下：盛名之下。盛名之下确有真才实学，名不虚传。
大打出手		【大打出手】dà dǎ chū shǒu “大打出手”原来是戏剧表演的术语，指以一个主要人物为中心，同时与几个人对打，互相投掷、接踢武器的武打场面。现多形容野蛮地逞凶打人或互相争斗殴打。
屡试不爽		【屡试不爽】lǚ shì bù shuǎng 屡：屡次，一次又一次。爽：差错。经过多次试验都没有差错。

成语	印	释义
高下在心		【高下在心】gāo xià zāi xīn　高下：比喻伸和屈。原意是估量当时的情况，采用适当的办法。后转用以形容大权在握，操纵自如。
恶事传千里		【恶事传千里】è shì chuán qiān lǐ　恶事：坏事，不名誉的事。坏事传播得很快很远。
反求诸己		【反求诸己】fǎn qiú zhū jǐ　求：寻找，追究；诸："之于"的合音。回转过来追究一下自己。
画脂镂冰		【画脂镂冰】huà zhī lòu bīng　镂：雕刻。在凝固的油脂上画画儿，在冰上雕刻，都会遇热熔化，转眼消失。比喻白费力气，劳而无功。

成语	印	释义
多历年所		【多历年所】duō lì nián suǒ 历：经历；所：同“许”，文言数量词后缀；年所：年数。经历的年数很多。原来形容某一王朝的统治时间很长，后也泛指经过的时间很长。
略识之无		【略识之无】lüè shí zhī wú 之、无：唐·白居易在《与元九书》中说，他在生下六七个月的时候，乳母就教他认识了“之”字和“无”字。后来就用“之、无”代表最简单的字。形容识字不多。
党同伐异		【党同伐异】dǎng tóng fá yì 党：原同“傥”，指偏袒，现在也指结伙。伐：攻击。偏袒或聚集同自己意见相同的人，排斥、攻击跟自己意见不同的人。泛指社会上成帮结派相互斗争。
存亡绝续		【存亡绝续】cún wáng jué xù 存：生存；亡：灭亡；绝：断绝，完结；续：继续。或是继续生存，或是灭亡。形容局势万分危急。

成语	印	释义
蛊惑人心		【蛊惑人心】gǔ huò rén xīn 蛊：相传是一种由人工培养的毒虫，用来放在食物中害人。蛊惑：迷惑，毒害。用谣言或诡辩来迷惑、毒害人们的心灵。
根深蒂固		【根深蒂固】gēn shēn dì gù 蒂：瓜、果和茎、枝相连的部分；固：牢固。比喻基础牢固，难以动摇。
费尽心机		【费尽心机】fèi jìn xīn jī 心机：心思，计谋。指用尽了心思。形容千方百计地谋算。
侯服玉食		【侯服玉食】hóu fú yù shí 穿王侯的服装，吃珍贵的饭食。形容极其豪华、奢侈的生活。

成语	印	释义
噤若寒蝉		【噤若寒蝉】jìn ruò hán chán 噤：闭口不作声。若：像。寒蝉：深秋的知了。不作声像深秋的知了一样。形容因遭受恫吓或其他原因而不敢说话。有时也形容冷得像寒蝉那样一声不响。
见利忘义		【见利忘义】jiàn lì wàng yì 见到有利可图就不顾道义。形容人贪财自私。常常用于批评人贪恋钱财、品德败坏。
积年累月		【积年累月】jī nián lěi yuè 积、累：聚集。形容时间久长。
泾渭分明		【泾渭分明】jīng wèi fēn míng 古人认为渭河水清，泾河水浊，两水合流后，清浊依旧分明。比喻是非分明、界限清楚，容易区别。

恍如隔世		【恍如隔世】huǎng rú gé shì 恍：仿佛。世：三十年为一世。指仿佛相隔了一世。多用来形容对时间变迁、事物变化之大的感慨。
反裘负刍		【反裘负刍】fǎn qiú fù chú 反裘：反穿皮袄；负刍：负薪，背柴。反穿皮袄（怕磨掉毛）背柴。形容贫穷劳苦。也比喻为人愚昧，不知本末。
功成身退		【功成身退】gōng chéng shēn tuì 功：功绩，功业。身：自身。退：退职，引退。功业成就以后，自身就主动地引退了。
过犹不及		【过犹不及】guò yóu bù jí 事情做过了头就同做得不够一样，都是不好的。指做事要恰如其分。

九世之仇		【九世之仇】jiǔ shì zhī chóu　九世：九代。九代的仇恨。
敬谢不敏		【敬谢不敏】jìng xiè bù mǐn　谢：推辞。不敏：不聪明。恭敬地表示不能接受，或能力不够。表示推辞的客气话。
金迷纸醉		【金迷纸醉】jīn mí zhǐ zuì　形容使人沉迷的繁华环境。也形容骄奢淫逸的享乐生活。
降格以求		【降格以求】jiàng gé yǐ qiú　降：降低。格：规格，标准。降低标准来寻求或要求。指不坚持原来的要求和标准。

成语	印	释义
更仆难数		【更仆难数】gēng pú nán shǔ 更：替换。仆：原指傧相，即替主人接待客人的人，后指仆人。原指儒行很多，一下子说不完，一件一件说就需要很长时间，即使中间换了人也未必能说完。后形容人或事物很多，数也数不过来。语出《礼记·儒行》。
高屋建瓴		【高屋建瓴】gāo wū jiàn líng 建：通“瀽”，倾倒，泼水。瓴：水瓶。从高屋上倾倒瓶水。形容居高临下，不可阻挡的形势。
反客为主		【反客为主】fǎn kè wéi zhǔ 客人反过来成为主人。比喻变被动为主动或变次要为主要。
隔年黄历		【隔年黄历】gé nián huáng lì 黄历，原指清代朝廷颁发的历书，后泛指历本。隔了一年的黄历。比喻过去的事物或经验，不适合当前的新情况，用不上。

街头巷尾		【街头巷尾】jiē tóu xiàng wěi 指大街小巷。
津津乐道		【津津乐道】jīn jīn lè dào 津津：兴趣浓厚。乐道：乐于谈论。形容很有味地谈论感兴趣的事。亦形容对有兴趣的事说个没完。
近在咫尺		【近在咫尺】jìn zài zhǐ chǐ 咫：古代长度单位，周制八寸，合现在市尺六寸二分二厘。咫尺：很近的距离。指近在眼前，形容距离很近。
惊惶失措		【惊惶失措】jīng huáng shī cuò 失措：举止失常。因惊慌而举止失常，不知所措。

成语	印	释义
槁木死灰		【槁木死灰】gǎo mù sǐ huī 槁：干枯。干枯的树木，冷却的灰烬。比喻心灰意冷，对一切事物无动于衷、冷漠无情。
方便之门		【方便之门】fāng biàn zhī mén 方便：本为佛教语，指用灵活的方式劝人信佛。后引申为给人以便利。
分崩离析		【分崩离析】fēn bēng lí xī 分崩：分裂崩毁。离析：离散，解体。形容国家、集团或组织分裂瓦解。
挥汗成雨		【挥汗成雨】huī hàn chéng yǔ 众人用手抹汗，挥洒的汗水像雨点一样。形容人多、拥挤。也形容因天气热或劳动而出汗很多。

成语	印	释义
降心相从		【降心相从】jiàng xīn xiāng cóng 委屈自己的心意，服从别人。《左传·僖二十八年》：“今天诱其衷，使皆降心以相从也。”
见笑大方		【见笑大方】jiàn xiào dà fāng 大方：即大方之家，识见广博的人，后泛指有专长的人。
金相玉质		【金相玉质】jīn xiàng yù zhì 相：外表。质：内里。形容人或物外表和内里皆美。
开花结果		【开花结果】kāi huā jié guǒ 谓经播种耕耘后有了收获。比喻工作学习等取得成绩，亦比喻某事物有了良好的结果。

成语	印	释义
姑妄听之		【姑妄听之】gū wàng tīng zhī　姑：姑且。妄：随便。姑且随便听听，不一定就相信。
拊躬自问		【拊躬自问】rǔ gōng zì wèn　反躬自问，指自我反省。
饭糗茹草		【饭糗茹草】fàn qiǔ rú cǎo　饭、茹：吃；糗：干粮；草：指野菜。吃干粮和野菜。形容生活困苦。
放浪形骸		【放浪形骸】fàng làng xíng hái　放浪：放纵，不受拘受；形骸：人的形体、形迹。指行为不受世俗礼法的约束，旷达豪爽。

成语	印	释义
井底之蛙		【井底之蛙】jǐng dǐ zhī wā 井底下的青蛙只能看到井口那么大的一块天。比喻见识短浅的人。多用于批评、指责、劝诫的情形。
酒食征逐		【酒食征逐】jiǔ shí zhēng zhú 征：召，呼唤；逐：追，跟随。频频地相互约着吃喝玩乐。形容酒肉朋友之间的交往。
经明行修		【经明行修】jīng míng xíng xiū 经：儒家经典著作。修：美好。经学造诣精深，品行端正美好。形容人德才兼备。
惊魂未定		【惊魂未定】jīng hún wèi dìng 惊魂：受惊吓的心灵。形容受惊吓后，心情还没有平静下来。

成语	印	释义
风声鹤唳		【风声鹤唳】fēng shēng hè lì 唳：鹤鸣声。风吹的响声和仙鹤的叫声。形容惊慌失措，或自相惊扰。多用于战败者和畏敌者，也用于其他一有动静非常恐惧的神经过敏者。
狗急跳墙		【狗急跳墙】gǒu jí tiào qiáng 狗急了，能跳墙。比喻走投无路时，不顾后果地采取极端手段。
飞鹰走狗		【飞鹰走狗】fēi yīng zǒu gǒu 撒飞鹰，放猎狗。指野外打猎，捕捉禽兽。
躬逢其盛		【躬逢其盛】gōng féng qí shèng 躬：亲自。逢：遇上。盛：盛世，盛会。指亲身参加了那个盛会或盛举，也表示亲身经历了那种盛世。

成语	印	释义
剑戟森森		【剑戟森森】jiàn jǐ sēn sēn 戟：古代兵器；森森：草木茂密的样子。比喻为人阴险，自己的看法、打算不让别人知道，就像遍布剑戟那样严密戒备一样。
惊恐万状		【惊恐万状】jīng kǒng wàn zhuàng 万状：各种样子。惊慌恐惧得表现出各种形态。形容惊慌恐惧到了极点。
乐不可支		【乐不可支】lè bù kě zhī 支：支持、支撑。快乐到了不能自我控制的地步。形容快乐到极点。
混为一谈		【混为一谈】hùn wéi yì tán 混：搀杂。把不同的事物或人混在一起，说成是相同的。

成语	印	释义
镂月裁云		【镂月裁云】lòu yuè cái yún 镂：雕刻。雕刻月亮，剪裁云彩。比喻技艺精湛、巧妙。
大腹便便		【大腹便便】dà fù pián pián 便便：肥胖的样子。肚子又大又肥。形容人长得非常肥胖。多指腹内空虚而言。现也形容不劳而获的人。
放任自流		【放任自流】fàng rèn zì liú 放：放纵，不加约束。任：听凭，任由。自：自己，独自。流：流动，发展。完全放开，不加约束，任其自然发展。
功亏一篑		【功亏一篑】gōng kuī yī kuì 由于只差一筐土而没有完成。比喻一件事情只差一点而没有成功。

成语	印	释义
径情直遂		【径情直遂】jìng qíng zhí suì 径情：任意，随意。遂：成功地满足心愿。随着自己的意愿，顺利地达到目的，获得成功。
局促不安		【局促不安】jú cù bù ān 局促：拘束，不自然。形容拘谨不自然的样子。多用来形容因紧张、惊讶等原因而不安的神态表情。
截然不同		【截然不同】jié rán bù tóng 截然：界限分明，像割断的一样。形容两种事物没有一点必然联系。
泾渭不分		【泾渭不分】jīng wèi bù fēn 比喻好坏不分，是非不明。

成语	印	释义
膏粱子弟		【膏粱子弟】gāo liáng zǐ dì 膏粱：肥肉和细粮，泛指精美食品。指习惯于骄奢享乐生活的富贵人家的子弟。
好行小惠		【好行小惠】hào xíng xiǎo huì 惠：通“慧”，聪明。原指爱耍小聪明。现指喜欢给人小恩小惠。
蒿目时艰		【蒿目时艰】hāo mù shí jiān 蒿目：极目远望。时艰：时局艰险。指为时局艰危而忧虑不安。
过眼云烟		【过眼云烟】guò yǎn yún yān 宋·苏轼《宝绘堂记》：“譬之烟云之过眼，百鸟之感耳，岂不欣然接之，去而不复念也。”意思是烟云从眼前掠过，以后就不再想念。原来比喻身外之物，可以不加重视。后来比喻很容易消失的事物。

教猱升木		【教猱升木】jiāo náo shēng mù 猱：猴子的一种。教猴子爬树。
将错就错		【将错就错】jiāng cuò jiù cuò 将：依顺，顺从。就：迁就。既然错了，索性就顺着错误做下去。
九死一生		【九死一生】jiǔ sǐ yì shēng 九：表示次数或多数。形容多次经历生死危险而幸存。亦比喻处境其危险。
老妪能解		【老妪能解】lǎo yù néng jiě 相传唐代诗人白居易每作一首诗，都要读给老年妇女听，问能不能懂，不懂的就重新改写。形容诗文明白易懂。

成语	印	释义
诡衔窃辔		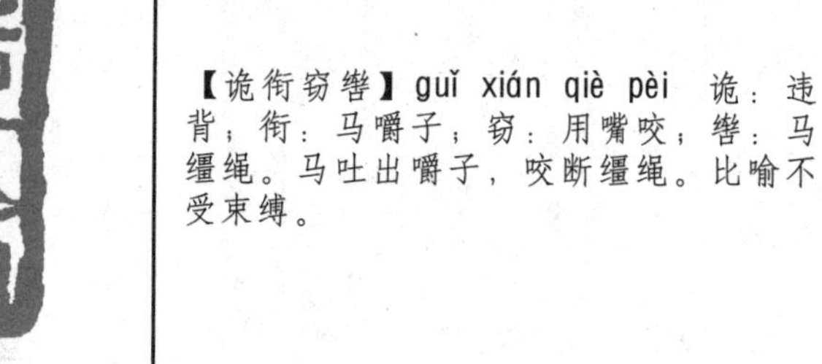【诡衔窃辔】guǐ xián qiè pèi 诡：违背；衔：马嚼子；窃：用嘴咬；辔：马缰绳。马吐出嚼子，咬断缰绳。比喻不受束缚。
釜底游鱼		【釜底游鱼】fǔ dǐ yóu yú 在锅里游动着的鱼。比喻即将灭亡的事物。
后继无人		【后继无人】hòu jì wú rén 继：接续，继承。后面没有人继承前人的事业。
发踪指示		【发踪指示】fā zōng zhǐ shì 踪：踪迹。猎人发现野兽的踪迹，指示猎狗追捕。后用以比喻在幕后操纵指挥。

成语	印	释义
叫苦不迭		【叫苦不迭】jiào kǔ bù dié　不迭：不停止。形容连声叫苦。
酒囊饭袋		【酒囊饭袋】jiǔ náng fàn dài　囊：口袋。装酒的皮囊，装饭的口袋。喻指只会喝酒吃饭而毫无能力的人。
进退维谷		【进退维谷】jìn tuì wéi gǔ　维：语气助词。谷：比喻困难处境。进和退都处于困难的境地。用于无法摆脱困境时。
经年累月		【经年累月】jīng nián lěi yuè　经：经历。经年：成年。累：积累。累月：连月。谓年复一年，月复一月。形容经历很长时间。

成语	印	释义
六神无主		【六神无主】liù shén wú zhǔ 六神：道家指主宰人心、肺、肝、肾、脾、胆的神。无主：没有主意，不知如何是好。形容心慌意乱，惊慌失措。
眉目不清		【眉目不清】méi mù bù qīng 眉目：指事情的头绪或条理。形容条理不清楚（多指文章）。
六亲无靠		【六亲无靠】liù qīn wú kào 六亲：历来说法不一。《左传·昭公二十五年》指父子、兄弟、姑姊、甥舅、婚媾、姻亚，形容很孤独，没有亲属可依靠。
面如土色		【面如土色】miàn rú tǔ sè 土色：灰黄色。脸色像泥土的颜色一样。形容非常恐惧或有病的样子。

成语	印	释义
积毁销骨		【积毁销骨】jī huǐ xiāo gǔ 积毁：不止一次地毁谤。销：溶化。一次又一次的毁谤，积累下来足以致人于毁灭之地。形容毁谤中伤的可怕。
空口说白话		【空口说白话】kōng kǒu shuō bái huà 形容只说不做，没有实际行动。
杜渐防萌		【杜渐防萌】dù jiàn fáng méng 杜：堵塞。渐、萌：指事物发展的开端。指防止错误或坏事要在刚刚发生的时候。
乐此不疲		【乐此不疲】lè cǐ bù pí 乐：喜爱，爱好。疲：疲倦。乐于做某事，沉浸其中，不觉疲倦。形容对某种事物特别有兴趣。

成语	印	释义
何去何从		【何去何从】hé qù hé cóng 去：离开。离开哪里，去到哪里。多指在重大问题上要做出某种抉择。
风烛残年		【风烛残年】fēng zhú cán nián 风烛：风中的烛火。风中的烛火随时都可能熄灭，人生垂暮之年的残余时光，随时都可能完结。比喻人到垂暮之年，活不长久了。
飞扬跋扈		【飞扬跋扈】fēi yáng bá hù 飞扬：放纵。跋扈：蛮横，霸道。原指骄横放肆，不遵法度。现多形容强暴凶戾，气焰嚣张。
甘拜下风		【甘拜下风】gān bài xià fēng 下风：风向的下方。甘心情愿拜倒在下方。自认不如对方，表示真心佩服。

成语	印	释义
恪守不渝		【恪守不渝】kè shǒu bù yú 恪：谨慎，恭敬；渝：改变。严格遵守，绝不改变。
累卵之危		【累卵之危】lěi luǎn zhī wēi 堆垒起来的蛋很容易滚下来打碎。比喻危险之极。
空谷足音		【空谷足音】kōng gǔ zú yīn 谷：山谷。在寂静的山谷中听到脚步声。比喻非常难得的音信、言论或事物等。
积重难返		【积重难返】jī zhòng nán fǎn 积：长时间积累下来的。重：程度深。返：返回。指经过长时间形成的弊端或不良思想、作风、习惯等，不容易革除、改变。

河清难俟		【河清难俟】hé qīng nán sì 河：黄河；俟：等待。黄河清的日子很难等到。比喻时日太长，难以等待。《左传·襄公八年》："周诗有之曰：'俟河之清，人寿几何？'"
横征暴敛		【横征暴敛】héng zhēng bào liǎn 横：蛮横。征：征发，征税。敛：搜刮。强横残暴地征收苛捐杂税。形容反动统治阶级贪婪凶狠、搜刮人民的罪行。
狗血喷头		【狗血喷头】gǒu xuě pēn tóu 被狗的血喷了一头。形容咒骂得很凶。
钩深致远		【钩深致远】gōu shēn zhì yuǎn 钩：探索。深：深奥。致：求得。远：远处。探索深处的，求得远处的。指探索深奥的道理或形容治学的广博精深。

空室清野		【空室清野】kōng shì qīng yě　在对敌斗争的时候，把家里的东西和田里的农作物收藏起来，不让敌人掠夺、利用。
拊背扼喉		【拊背扼喉】fǔ bèi è hóu　扼喉：掐住喉咙；拊背：捺住脊背。比喻制敌要害。《史记·刘敬叔孙通列传》：“夫与人斗，不扼其亢（肮）拊其背，未能全其胜也。”
精打细算		【精打细算】jīng dǎ xì suàn　精：精心。打：计划，规划。细：细密。精心地计划，详细地打算。指在生活或使用人力、物力上精心安排，不使其浪费。
口耳之学		【口耳之学】kǒu ěr zhī xué　耳朵听进去后，只挂在嘴边说说，而自己全无受益的学问。

成语	印章	释义
俯仰之间		【俯仰之间】fǔ yǎng zhī jiān 俯：低头。仰：抬头。间：时间。在一低头，一抬头的时间里。指瞬息之间。形容时间的短暂。
恩将仇报		【恩将仇报】ēn jiāng chóu bào 将：拿，把。报：报答。受了别人的恩惠却用仇怨来报答。形容忘恩负义。多指受人恩惠后反而伤害恩人。
伏而咶天		【伏而咶天】fú ér shì tiān 咶：通"舐"，舔。趴向地面舔天。比喻做法错误，不可能达到目的。
发奸擿伏		【发奸擿伏】fā jiān tī fú 擿摘：揭发。揭发未暴露的坏人坏事。旧指吏治精明。《汉书·赵广汉传》："其擿奸摘伏如神。"

成语	印	释义
鸠形鹄面		【鸠形鹄面】jiū xíng hú miàn 鸠：斑鸠。鹄：天鹅。像斑鸠的形体，像黄鹄的脸面。形容身体瘦削，面容苍黄憔悴。
口蜜腹剑		【口蜜腹剑】kǒu mì fù jiàn 嘴里说得动听，心里却盘算着坏主意。形容嘴甜心狠，阴险毒辣。
兰因絮果		【兰因絮果】lán yīn xù guǒ 兰因：比喻美好的结合，本春秋时郑文公妾燕结梦兰的故事，见《左传·宣公三年》；絮果：比喻离散的结局，飞絮比喻飘泊。后因以“兰因絮果”比喻开始结合，结果离散。
苦心孤诣		【苦心孤诣】ku xīn gū yì 苦心：用心极苦。孤诣：独到的成就或境地。用尽心力，达到了别人达不到的境地。指精心钻研学问或技艺，很有独到之处。亦指费尽心思寻求办法。

成语	印	释义
里通外国		【里通外国】lǐ tōng wài guó 里通：暗中勾结。与国外敌对势力暗中勾结，出卖本国情报或国家利益。
锋芒逼人		【锋芒逼人】fēng máng bī rén 锋芒：刀剑等武器的刃口或尖端，比喻锐利。形容言词犀利，使人感到威胁。
锋芒毕露		【锋芒毕露】fēng máng bì lù 锋：刀锋。芒：原指谷类种子壳上的细刺，比喻枪头，矛尖。毕：都，完全，全部。刀锋和矛尖都露出来。形容人傲气逼人，逞强好胜。或形容人锐气才干完全显露出来。
分斤掰两		【分斤掰两】fēn jīn bāi liǎng 分：分清。掰：用两手把东西分开。按斤分清，按两掰开。比喻过分地计较小事。也比喻精确地划分，仔细地算账。

成语	印	释义
来龙去脉		【来龙去脉】lái lóng qù mài　来龙：龙头之所在。过去看风水的人把山脉比作一条龙，认为从头到尾部像血脉似的连贯着，可以看出从哪儿来，到哪儿去。比喻事情前后关联的线索或事情的前因后果。
对症下药		【对症下药】duì zhèng xià yào　症：病症。下药：用药。医生针对病人的病情开方用药。比喻针对具体情况采取具体有效措施。
夸多斗靡		【夸多斗靡】kuā duō dòu mí　夸：夸耀；斗：争，赛；靡：奢侈，华丽。唐·韩愈《昌黎先生集·送陈秀才彤序》："读书以为学，缵言以为文，非以夸多而斗靡也。"原指竞以篇幅多、辞藻华丽为美的不正文风。后也形容官僚、富豪以奢侈为荣而互相比赛。
乐极生悲		【乐极生悲】lé jí shēng bēi　欢乐到极点就会生出悲伤之事。

瞒心昧已		【瞒心昧已】mán xīn mèi jǐ　昧：隐藏。指昧着良心做事。
美如冠玉		【美如冠玉】měi rú guān yù　冠玉：古人装饰在帽子上的玉石。原比喻只是外表好看。后形容男子长相漂亮。
明珠暗投		【明珠暗投】míng zhū àn tóu　明珠：夜明珠。把闪光的珍珠抛在黑暗处所。比喻珍贵的东西落在不识货的人的手里，得不到赏识和珍爱。亦比喻有才能的人得不到赏识重用或误入歧途。
鳞次栉比		【鳞次栉比】lín cì zhì bǐ　鳞次：像鱼鳞那样挨着。栉比：像篦子齿那样并排着。像鱼鳞或梳子齿那样紧密地排列着。多用以形容房屋、店铺或船只等密集。

成语	印	释义
可乘之机		【可乘之机】kě chéng zhī jī　乘：凭借，利用。机：机会。可利用的机会。
见微知著		【见微知著】jiàn wēi zhī zhù　微：微小。著：明显。看到一点苗头，就知道会发生什么事。
绝口不道		【绝口不道】jué kǒu bù dào　绝口：始终不开口。闭着嘴不说话。
酒池肉林		【酒池肉林】jiǔ chí ròu lín　古代传说，殷纣王以酒为池，以肉为林，为长夜之饮。原指腐化奢侈的生活，后也形容酒肉极多。

成语	印	释义
乱头粗服	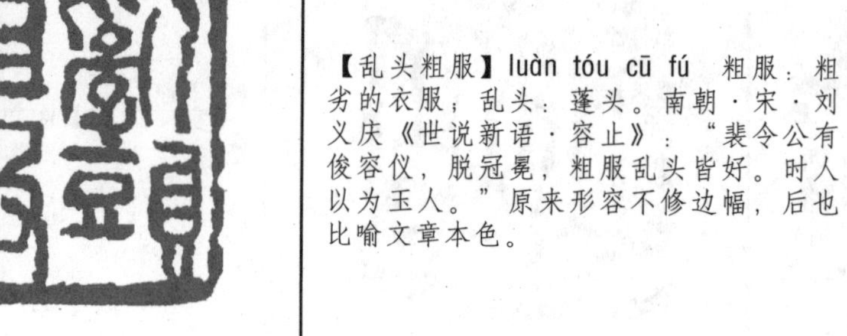	【乱头粗服】luàn tóu cū fú 粗服：粗劣的衣服；乱头：蓬头。南朝·宋·刘义庆《世说新语·容止》：“裴令公有俊容仪，脱冠冕，粗服乱头皆好。时人以为玉人。”原来形容不修边幅，后也比喻文章本色。
潦草塞责		【潦草塞责】liáo cǎo sè zé 潦草：草率，不精密，不认真；塞：搪塞。形容做事马马虎虎，敷衍了事，不负责任。
毛举细故		【毛举细故】máo jǔ xì gù 毛举：粗略地列举；细故：细微琐碎的事情。列举琐碎的事情。
蒙昧无知		【蒙昧无知】méng mèi wú zhī 愚钝糊涂，没有知识，不通事理。

成语	印	释义
空空如也		【空空如也】kōng kōng rú yě　空空：虚心的样子。原形容诚恳、虚心的样子。现形容什么也没有。
看风使舵		【看风使舵】kàn fēng shǐ duò　看人脸色的意思。宋·释普济《五元灯会》："看风使舵，正是随波逐流。"
狼狈不堪		【狼狈不堪】láng bèi bù kān　狼狈：疲惫、窘迫的样子。形容处境窘迫困顿的样子。
狼狈为奸		【狼狈为奸】láng bèi wéi jiān　奸：做坏事。比喻坏人相互勾结一起干坏事。

含血喷人	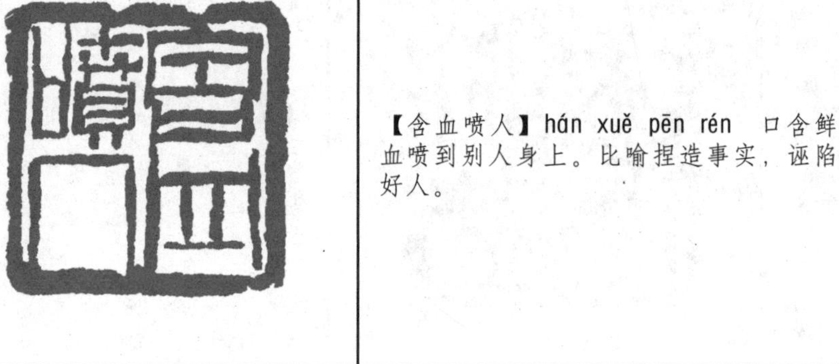	【含血喷人】hán xuě pēn rén 口含鲜血喷到别人身上。比喻捏造事实，诬陷好人。
尔虞我诈		【尔虞我诈】ěr yú wǒ zhà 尔：你。虞：猜测。意思是我欺骗你，你诈骗我，互相欺诈。形容彼此互相玩弄手段。
耳提面命		【耳提面命】ěr tí miàn mìng 不但当面告诉他，而且能提着他的耳朵向他讲。形容教诲殷勤而又恳切。一般是长辈对晚辈。
好高骛远		【好高骛远】hào gāo wù yuǎn 好：喜欢。骛：从事，追求。喜欢高的，追求远的。指不切实际地追求过高过远的目标。

成语	印	释义
抗尘走俗		【抗尘走俗】kàng chén zǒu sú　抗：高举，引申为表现；尘：尘容，尘世的仪容；走：奔走。表现出庸俗的仪容，奔走于尘俗之中。
狼奔豕突		【狼奔豕突】láng bēn shǐ tū　豕：猪。像狼那样奔跑，像猪那样冲撞。形容坏人到处乱闯，恣意搔扰，或形容敌人仓惶逃跑的情景。
举世无敌		【举世无敌】jǔ shì wú dí　全世界没有能胜过的。
火中取栗		【火中取栗】huǒ zhōng qǔ lì　偷取炉火里烤熟的栗子。比喻冒险为别人出力，自己上了当，却一无所得。

成语	印	释义
里应外合		【里应外合】lǐ yìng wài hé 合：配合。外面攻打与里面接应相结合。
鹤发鸡皮		【鹤发鸡皮】hè fà jī pí 像仙鹤那样满头白发，像鸡皮那样粗而多皱。形容老年人肤皱发白的龙钟老态。
含英咀华		【含英咀华】hán yīng jǔ huá 英、华：花，这里指精华。咀：细嚼，引申为体味。琢磨、品味和领会诗文的精化；也比喻诗文字画等富有精华。
风雨飘摇		【风雨飘摇】fēng yǔ piāo yáo 在风雨里飘浮摇荡。比喻动荡不隐或岌岌可危。多用于形容政权、社会、团体、地位等动荡不隐。

成语	印	释义
诘屈聱牙		【诘屈聱牙】jié qū áo yá 诘屈：曲折，引申为不通顺；聱牙：念起来别扭，不上口。形容文句艰涩简古，读起来不顺口。
孑然一身		【孑然一身】jié rán yī shēn 孑然：孤独的样子。孤单单的一个人。
侃侃而谈		【侃侃而谈】kǎn kǎn ér tán 侃侃：从容不迫的样子。指理直气壮、不慌不忙地讲话。
集苑集枯		【集苑集枯】jí yuàn jí kū 集：鸟落在树木上。苑：茂盛的树木。枯：枯树。有的鸟落在茂盛的树上，有的鸟落在枯萎的树上。比喻志趣不同，行动也不一样。

漫山遍野	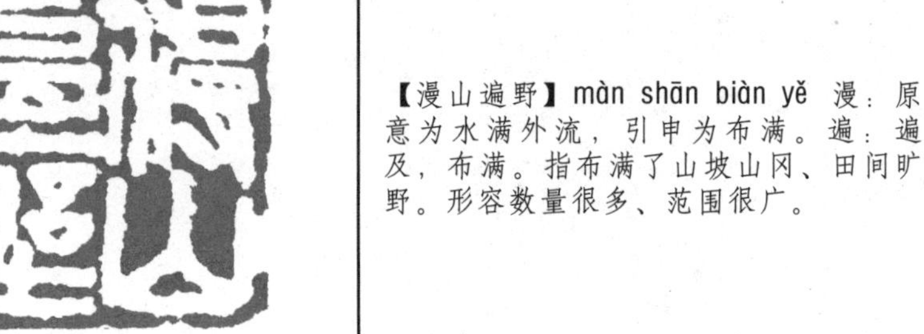	【漫山遍野】màn shān biàn yě 漫：原意为水满外流，引申为布满。遍：遍及，布满。指布满了山坡山冈、田间旷野。形容数量很多、范围很广。
乱七八糟	 	【乱七八糟】luàn qī bā zāo 形容极其混乱，毫无条理、秩序。
面面俱到		【面面俱到】miàn miàn jù dào 俱：都。各方面都照顾到。也指虽然各方面都照顾到，但重点不突出，一般化。
离经辨志		【离经辨志】lí jīng biàn zhì 离：指断句；经：指儒家经书；辨：明察；志：志向。读断经书文句，明察圣贤志向。

成语	印	释义
近悦远来		【近悦远来】jìn yuè yuǎn lái　邻近的人因为受到好处而都喜悦，远方的人也都闻风而前来归附。语本《论语·子路》。
假公济私		【假公济私】jiǎ gōng jì sī　假：借，济：助成。借公家的名义或力量，谋取私人的利益。《元曲选·无名氏<陈州粜米>一》："他假公济私，我怎肯和他干罢了也呵！"
胶柱鼓瑟		【胶柱鼓瑟】jiāo zhù gǔ sè　胶：用胶黏住。柱：瑟上调音用的短木。鼓：弹奏。瑟：一种古乐器。用胶把弦柱黏住，再去弹瑟，无法调节音的高低。比喻拘泥固执而不知变通。
居高临下		【居高临下】jū gāo lín xià　居：处在。临：面对。处于高处，俯视下方。形容处于有利的地势、地位。也比喻高高在上。

成语	印	释义
春树暮云	 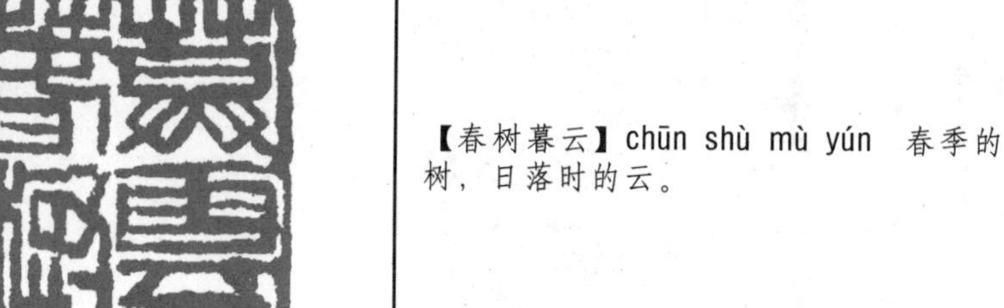	【春树暮云】chūn shù mù yún　春季的树，日落时的云。
不得其死		【不得其死】bù dé qí sǐ　指人不得好死。
披荆斩棘		【披荆斩棘】pī jīng zhǎn jí　披：拨开。斩：砍断。荆、棘：丛生多刺的小灌木。拨开荆，砍掉棘。指在创业之时清除阻碍，艰苦奋斗。也指在前进道路上清除各种阻碍，克服重重困难。
不胜枚举		【不胜枚举】bù shèng méi jǔ　胜：尽。枚：个。无法一个一个全部列举出来。形容同一类的人或事物数量多。

成语	印	释义
举足轻重		【举足轻重】jù zú qīng zhòng 一挪动脚，就会影响两边的轻重。比喻所处地位极其重要，且势力强大，足以左右全局。
夸大其词		【夸大其词】kuā dà qí cí 词：言论。语言夸张，超过事实。
久假不归		【久假不归】jiǔ jiǎ bù guī 假：借；归：归还。本指长期借用一直不归还。后亦指迷途不知返。
口诵心惟		【口诵心惟】kǒu sòng xīn wéi 诵：朗读；惟：思考。一面读着，一面想它的意义和道理。唐·韩愈《昌黎先生集·上襄阳相公书》："口咏其言，心惟其义。"

成语	印	释义
布衣蔬食		【布衣蔬食】bù yī shū shí 布衣：麻布衣服。穿布衣，吃粗饭。形容生活俭朴。
壮志凌云		【壮志凌云】zhuàng zhì líng yún 凌云：直上云霄。宏伟的志向直上云霄。形容志向宏伟远大。
兵连祸结		【兵连祸结】bīng lián huò jié 兵：指战争。结：相连。指战争连年不断，灾祸接踵而至。
披肝沥胆		【披肝沥胆】pī gān lì dǎn 披：披露。沥：滴。露出肝脏，滴出胆汁。比喻真心相待，坦诚无隐。也形容十分忠诚。

绝无仅有		【绝无仅有】jué wú jǐn yǒu 绝：绝对。仅：只。只有这一个，此外不会再有。形容极其少有。
窥豹一斑		【窥豹一斑】kuī bào yī bān （从管中看豹）只看到豹的一个斑点。比喻所见狭小，看不到全面。也比喻从一点推测全貌。
口燥唇干		【口燥唇干】kǒu zào chún gān 嘴唇和口腔都干燥，形容话说得很多。三国·魏·曹植《曹子建集·善哉行》：“来日大难，口燥唇干；今日相乐，皆当喜欢。”
开台锣鼓		【开台锣鼓】kāi tái luó gǔ 指戏曲正式演出前的打击乐器合奏。比喻工作或运动的开头。

成语	印	释义
不堪回首		【不堪回首】bù kān huí shǒu 不堪：不忍。回首：回头，引申为回顾、回忆。不能忍受回顾的痛苦。多指因回忆过去不好或不愉快的事而痛苦，因而不忍心回顾。
兵来将挡，水来土掩		【兵来将挡，水来土掩】bīng lái jiàng dǎng ,shuǐ lái tǔ yǎn 敌兵来了派将领抵挡，大水来了用土去堵塞。比喻针锋相对，用各种办法战胜敌人。
步人后尘		【步人后尘】bù rén hòu chén 步：踏，踩。后尘：走路时后面扬起的尘土。踩着人家脚印走。比喻追随、沿袭别人。
不打不成相识		【不打不成相识】bù dǎ bù chéng xiāng shí 打：交手。《水浒》第三十八回："戴宗道：'你两个今番却做个至交的兄弟，常言道：不打不成相识。'"意思是经过交手，各见本领，互相了解，结交更能投合。

成语	印	释义
揆情度理		【揆情度理】kuí qíng duó lǐ 揆、度：合计，推测。按照情理来合计、推测。
鼓鼓囊囊		【鼓鼓囊囊】gǔ gǔ nāng nāng 形容口袋包裹等填塞得凸起的样子。
夸夸其谈		【夸夸其谈】kuā kuā qí tán 夸夸：说大话。言辞浮夸，大谈特谈。形容说话、写文章时浮夸，不切实际而又滔滔不绝。
口说无凭		【口说无凭】kǒu shuō wú píng 指只有口说，不足为据。《元曲选·乔孟符<扬州梦>四》："咱两个口说无凭。"

成语	印	释义
不夷不惠		【不夷不惠】bù yí bù huì 夷：指殷末周初时的伯夷，他坚决不作周朝的臣民；惠：指春秋时鲁国的柳下惠，他曾三次被罢官都不肯离去。不像伯夷那样坚决不做官，也不像柳下惠那样留恋官位。比喻做事取折中态度。
不苟言笑		【不苟言笑】bù gǒu yán xiào 苟：苟且，随便。不随便说笑。指态度庄重、严肃。
称孤道寡		【称孤道寡】chēng gū dào guǎ 孤、寡：古代帝王自称。谓自封为王。比喻狂妄地以最高统治者自居。
不即不离		【不即不离】bù jí bù lí 即：靠近。离：疏远。既不亲近也不疏远。本是佛教用语，谓诸法相状虽异而性体则一。后用来指对待别人的态度不太接近，也不太疏远。

居功自傲		【居功自傲】jū gōng zì ào　居功：自恃有功。自以为有功劳而骄傲自大。
口碑载道		【口碑载道】kǒu bēi zài dào　口碑：比喻群众口头的称颂像文字刻在碑上一样。满路都是称颂的声音。
狼子野心		【狼子野心】láng zǐ yě xīn　狼子：狼崽子，幼小的狼。野心：野兽凶残的本性。狼崽子虽小却有野兽的凶残本性。比喻坏人凶残的秉性和疯狂的欲望。
开门见山		【开门见山】kāi mén jiàn shān　打开门就看见山。喻指说话或写文章，一开始就直入正题，不绕弯子。

成语	印	释义
不祧之祖		【不祧之祖】bù tiāo zhī zǔ　祧：古代帝王的远祖祠堂；不祧：古代帝王家庙（祠堂）中祖先的神主，辈份远的要依次迁入祧庙合祭，只有始祖（创业的第一代）永不迁入祧庙，因此叫“不祧”。不迁入祧庙的祖先。比喻创业的人或不可废除的事物。
不蔓不枝		【不蔓不枝】bù màn bù zhī　蔓：蔓延。枝：分枝节。原指莲茎不蔓延也不分枝。比喻说话作文简洁流畅，不拖泥带水。
不可名状		【不可名状】bù kě míng zhuàng　名：说出。状：描绘，说出。不能用语言来描绘出其样子。
不念旧恶		【不念旧恶】bù niàn jiù è　念：记住。旧：过去的。恶：恶劣的行为，指怨恨，嫌隙。不记住或不计较过去和别人的仇怨或嫌隙。

成语	印	释义
千千万万		【千千万万】qiān qiān wàn wàn 形容数量很多。唐·杜牧《晚晴赋》："千千万万之状容兮，不可得而状也。"
七零八落		【七零八落】qī líng bā luò 零：零碎。形容零碎，不完整。常指原来又多又整齐的东西现在零散了。
批郤导窾		【批郤导窾】pī xì dǎo kuǎn 批：击。郤：空隙，缝隙。导：疏导，开通。窾：空处，中空。就着骨节相接的缝隙处掰开，其他无骨处则就势分解。比喻处理问题要从关键处下手，就能顺势解决。
奇形怪状		【奇形怪状】qí xíng guài zhuàng 形状稀奇古怪，与众不同。

成语	印	释义
别开生面		【别开生面】bié kāi shēng miàn 别：另处。开：开辟，开创。生面：新的面目。原指画像经重新绘制，面目一新。后比喻另外开辟一种新局面或创造一种新的风格式样。
广开言路		【广开言路】guǎng kāi yán lù 尽量创造使人们能充分发表意见的条件。
陈言务去		【陈言务去】chén yán wù qù 陈旧的言词一定要去掉。指说话办事不要老重复人家的老话。
博士买驴		【博士买驴】bó shì mǎi lǘ 博士：古代学官名。北齐·颜之推《颜氏家训·勉学》：“邺下谚云：‘博士买驴，书券三纸，未有驴字。’”后来就用“博士买驴”讥讽文辞烦琐，不得要领。

成语	印	释义
披坚执锐		【披坚执锐】pī jiān zhí ruì　坚：指坚固的铠甲。锐：指锋利的兵器。穿着坚固的铠甲，拿着锋利的兵器。形容全副武装，投身战斗。
判若鸿沟		【判若鸿沟】pàn ruò hóng gōu　判：区别，分辨；鸿沟：战国时开通的一条运河，在今河南省境内，秦末楚汉相争时曾划鸿沟为界，东面是楚，西面是汉。形容界限极清楚，区别很明显。
目送手挥		【目送手挥】mù sòng shǒu huī　目送：指眼睛追随地看着。手挥：挥动手指弹琴。形容眼睛和手并用，互不影响。
皮开肉绽		【皮开肉绽】pí kāi ròu zhàn　绽：裂开。皮肉都开裂。形容被打得伤势极重。

成语	印	释义
晨钟暮鼓	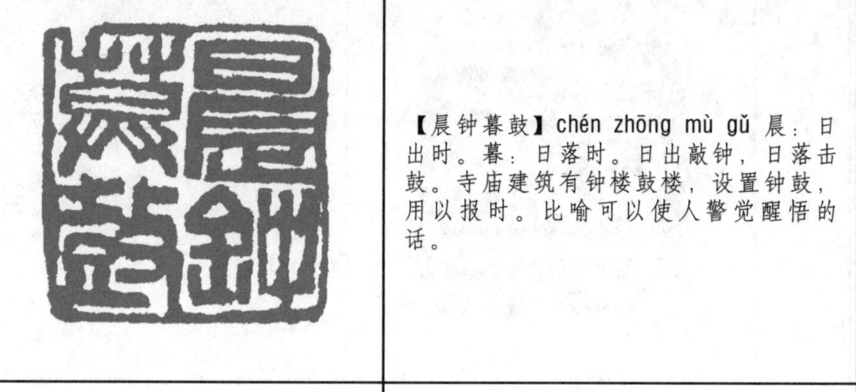	【晨钟暮鼓】chén zhōng mù gǔ 晨：日出时。暮：日落时。日出敲钟，日落击鼓。寺庙建筑有钟楼鼓楼，设置钟鼓，用以报时。比喻可以使人警觉醒悟的话。
规行矩步		【规行矩步】guī xíng jǔ bù 规、矩：原为测绘工具，这里比喻为原则、规矩。比喻行动谨慎规范，严格按规章制度办事。也比喻墨守陈规，不知变通。
不足挂齿		【不足挂齿】bù zú guà chǐ 不足：不值得。挂齿：说起，提到，挂在口上。不值得在口头上一提。用于对人表示轻蔑，也用于对己表示自谦。
不毛之地		【不毛之地】bù máo zhī dì 毛：地面上生长的谷物、草木。原指不种五谷的地方。后指最贫瘠或没有被开垦的地方。

否极泰来		【否极泰来】pǐ jí tài lái　否、泰：《周易》中的两个卦名，天地交叫做“泰”，“泰”就顺利；不交叫做“否”，“否”就失利。意思是事物发展到了极点，就要转化为它的对立面，“否”可转化为“泰”。形容情况从极坏转好。
欺人之谈		【欺人之谈】qī rén zhī tán　欺骗人的话。
弄性尚气		【弄性尚气】nòng xìng shàng qì　指意气用事，好耍脾气。
金题玉躞		【金题玉躞】jīn tí yù xiè　形容书画或书籍装潢得极为精美。

成语	印	释义
沧海一粟		【沧海一粟】cāng hāi yí sù 沧海：大海。粟：谷子。大海中的一粒谷子。比喻非常渺小，微不足道。
不知好歹		【不知好歹】bù zhī hǎo dǎi 歹：坏。不懂得好坏。
不乏其人		【不乏其人】bù fá qí rén 乏：缺乏。其人：那样的人。不缺少那样的人。
不堪一击		【不堪一击】bù kān yī jī 不堪：经不起。经不起一打。形容十分脆弱。有时也指文章的论点不严密，经不起反驳。

成语	印	释义
弃邪归正		【弃邪归正】qì xié guī zhèng 归：回到。离开邪路，回到正路上来。指不再做坏事。
齐东野语		【齐东野语】qí dōng yě yǔ 齐东：齐国（在今山东北部）东部；野语：乡下人的话。语出《孟子·万章上》。这原来表示对劳动人民的轻蔑。后泛用以比喻道听途说、荒唐无稽的话。
前所未闻		【前所未闻】qián suǒ wèi wén 闻：听说。从来没有听说过。
南柯一梦		【南柯一梦】nán kē yī mèng 南柯：朝南的树枝。指一场美梦，或比喻一场空欢喜。

藏垢纳污		【藏垢纳污】cáng gòu nà wū 垢、污：肮脏的东西。纳：容纳。比喻隐藏、宽容坏人坏事。也比喻居上位者有容人之量，能够容忍有损自己的言行的人。
不修边幅		【不修边幅】bù xiū biān fú 修：修饰。边幅：本指布帛的边缘，借指人的仪表、衣着、生活作派。比喻不注意衣着、仪容的整饰。常指不拘小节，生活懒散。
妙手回春		【妙手回春】miào shǒu huí chūn 妙：绝妙。妙手：指技术高超的人。回春：使春天又重新回来，比喻将接近死亡的人救活。形容医术高明，能把生命垂危的病人救活。
才高八斗		【才高八斗】cái gāo bā dǒu 才：文才。形容人极有文才。

成语	印	释义
取而代之		【取而代之】qǔ ér dài zhī　夺取别人的权位或利益而占为己有。也泛指以某一事物代替另一事物。
鸟尽弓藏		【鸟尽弓藏】niǎo jìn gōng cáng　飞鸟打光了，弹弓也就收藏起来不用了。比喻大功告成之后，原来借助的力量就被一脚踢开或加以消灭。
破天荒		【破天荒】pò tiān huāng　指从来未曾有过或第一次出现。
七颠八倒		【七颠八倒】qī diān bā dǎo　形容杂乱无章，乱七八糟。亦形容失去常态，或蒙头转向，颠三倒四。

步步为营		【步步为营】bù bù wéi yíng 步：古时五尺为步。步步：表示距离近。营：军事营垒。军队每前进一步就设下一道营垒。比喻行动谨慎，布防严密。现常用来比喻行动、做事谨慎，稳扎稳打。
沉鱼落雁		【沉鱼落雁】chén yú luò yàn 沉：使下沉。落：使落下。指女子貌美，使游鱼下沉，使飞雁降落，不敢与之比美。形容女子容貌美丽动人。
不置可否		【不置可否】bú zhì kě fǒu 置：搁，放。可：行。否：不行。不说对，也不说不对。指不明确表态。
别具匠心		【别具匠心】bié jù jiàng xīn 别：独特的。具：具有。匠心：巧妙的主思。常指文学艺术上或其他方面具有创造性的与众不同的巧妙构思。

成语	印	释义
被发文身		【被发文身】pī fà wén shēn　古代吴越一带的风俗，散发不作髻，身上刺花纹。《礼记·王制》："东方日夷，被发文身。"
匹马单枪		【匹马单枪】pī mǎ dān qiāng　单身上阵。比喻单独行动，不要别人帮助。
被坚执锐		【被坚执锐】pī jiān zhí ruì　坚：指坚固的护身衣；锐：指兵器。穿上坚固的战衣，拿起锋利的武器。《史记·项羽本纪》："夫被（披）坚执锐，义（宋义）不如公。"
千金一掷		【千金一掷】qiān jīn yī zhì　赌徒用千金作一次赌注投掷。形容奢侈挥霍无度。

成语	印	释义
布帛菽粟		【布帛菽粟】bù bó shū sù 帛：丝织品的总称。菽：豆类的总称。布帛菽粟，都是生活必需品。比喻虽属平常之物，却是不可缺少的东西。
不时之需		【不时之需】bù shí zhī xū 不时：不定什么时候。随时的需要。
藏头露尾		【藏头露尾】cáng tóu lòu wěi 头藏起来，却把尾巴露出来了。比喻遮遮掩掩或躲躲闪闪，不肯把事实情况全暴露出来。
不忮不求		【不忮不求】bù zhì bù qiú 忮：嫉妒，因别人好而忌恨别人；求：贪求。指不嫉妒，不贪得。《诗经·邶风·雄雉》："不忮不求，何用不臧。"

成语	印	释义
气息奄奄		【气息奄奄】qì xī yān yān 气息：呼吸时出入的气。奄奄：呼吸微弱的样子。形容呼吸微弱，快要断气的样子。也比喻事物已衰败没落，即将灭亡。
排斥异己		【排斥异己】pái chì yì jǐ 异己：同自己的意见、主张相反或不是自己阵营的人。指排挤、清除与自己意见不同的人。
杞人忧天		【杞人忧天】qǐ rén yōu tiān 杞：古时国名。忧天：担心天塌陷。一个杞国人担心天会塌下来。比喻不必要的或毫无根据的忧虑。
将伯之助		【将伯之助】qiāng bó zhī zhù 将：请求；伯：长者。请求长者的帮助。一般用作请人帮忙的客气话。也指别人对自己的帮助。

不闻不问		【不闻不问】bù wén bù wèn 闻：听。不听也不问。形容对有关的事情不关心，不过问。
不可一世		【不可一世】bù kě yī shì 可：许可，赞成。没有赞许过当时的任何人。形容人自命不凡，狂妄自大到了极点。
陈陈相因		【陈陈相因】chén chén xiāng yīn 陈：旧。因：沿袭。原指皇家粮仓里，陈粮再加上陈粮，年年堆积。后用以比喻沿袭旧的一套，没有改进和创新。
不得人心		【不得人心】bù dé rén xīn 所作所为违反人的意愿，得不到别人的拥护和支持。

漠不关心		【漠不关心】mò bù guān xīn 漠：冷淡，冷漠。形容对人对事感情冷漠，态度冷淡。
亲痛仇快		【亲痛仇快】qīn tòng chóu kuài 仇：敌人。亲：自己人。谓使亲近者痛心，却使仇敌高兴。
木牛流马		【木牛流马】mù niú liú mǎ 三国时诸葛亮所创造的运输工具。
锦心绣口		【锦心绣口】jǐn xīn xiù kǒu 形容作家的文思优美，词藻华丽。唐·柳宗元《河东先生集·乞巧文》："骈四俪六，锦心绣口。"

成语	印	释义
不衫不履		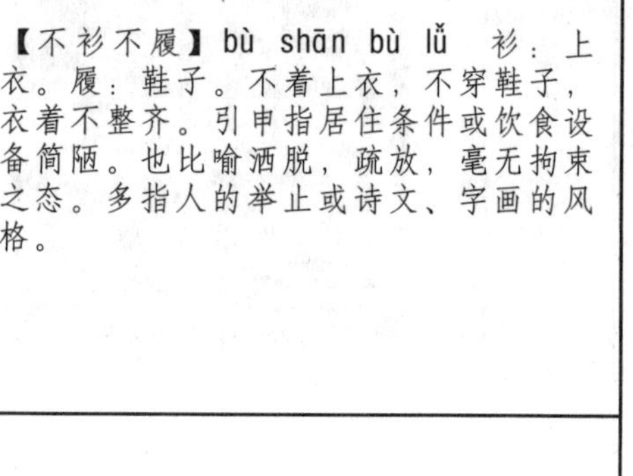 【不衫不履】bù shān bù lǚ 衫：上衣。履：鞋子。不着上衣，不穿鞋子，衣着不整齐。引申指居住条件或饮食设备简陋。也比喻洒脱，疏放，毫无拘束之态。多指人的举止或诗文、字画的风格。
排山倒海		【排山倒海】pái shān dǎo hǎi 排：排开。倒：翻倒。推开山岳，翻倒大海。形容来势猛烈，力量强大，势不可挡。
不足为外人道		【不足为外人道】bù zú wéi wài rén dào 不足：不值得。为：对，向。道：说。不值得对外人说。表示要求对方不要把有关情况告诉其他人。
不分皂白		【不分皂白】bù fēn zào bái 皂：黑色。不分黑白。比喻不分是非曲直，不问情由。

蓬头历齿		【蓬头历齿】péng tóu lì chǐ　蓬：散乱；历：稀疏。头发蓬松，牙齿缺落。形容老人的衰老容态。北周·庾信《庾子山集·竹杖赋》："噫！子老矣，鹤发鸡皮，蓬头历齿。"
牝牡骊黄		【牝牡骊黄】pìn mǔ lí huáng　牝牡：雌雄；骊：马黑色。比喻认识事物要抓实质。
棋布星罗		【棋布星罗】qí bù xīng luó　罗：罗列，分布。像星星那样罗列，象棋子那样分布。形容数量很多，散布的范围很广。
奇货可居		【奇货可居】qí huò kě jū　奇货：珍奇的货物。居：囤积。把珍奇的货物囤积起来，以待高价售出。比喻凭借技艺或控制某一人物与事物以获取功名财利及其他好处。

成语	印	释义
不经一事，不长一智		【不经一事，不长一智】bù jīng yī shì, bù zhǎng yī zhì 不经历那件事情，就不能增长关于那件事情的知识。一般用于经过失败取得教训的场合。《红楼梦》第六十回："俗语说：'不经一事，不长一智。'我如今知道了。"
别树一帜		【别树一帜】bié shù yī zhì 别：另外。树：建立。另外立起一面旗帜。比喻开创新路另成一家。
操必胜之券		【操必胜之券】cāo bì shèng zhī quàn 操：拿在手里，掌握，控制；券：契约，票证。手里掌握着一定能兑现的证券。比喻所办事情有一定成功的把握。
不忘沟壑		【不忘沟壑】bù wàng gōu hè 沟壑：山沟。念念不忘于为正义而死，弃尸山沟。形容人有为正义献身的思想准备。语本《孟子·滕文公下》"志士不忘在沟壑"。

成语	印	释义
破壁飞去		【破壁飞去】pò bì fēi qù　雷电击破墙壁，壁上点了眼睛的两条龙腾空飞去。比喻人骤然间飞黄腾达。
判若云泥		【判若云泥】pàn ruò yún ní　判：区别，分辨；云泥：云在天，泥在地，比喻差距极大。比喻高下差别悬殊就像云和泥的距离那样大。
蓬门筚户		【蓬门筚户】péng mén bì hù　用草、树枝等做成的门户。指穷苦人家住的简陋房屋。常用作自家住房的谦词。
切齿腐心		【切齿腐心】qiè chǐ fǔ xīn　形容愤恨到极点。《史记·刺客列传》："此臣之日夜切齿腐心也。"

成语	印	释义
横生枝节		【横生枝节】héng shēng zhī jié　比喻平空地生出一些问题来。
恶语中伤		【恶语中伤】è yǔ zhòng shāng　用恶毒言语诽谤打击别人，使人受到伤害。
耳食之谈		【耳食之谈】ěr shí zhī tán　耳食：用耳朵吃东西，比喻没有经过思考轻信传闻。指听来的没有确凿根据的话。
狗苟蝇营		【狗苟蝇营】gǒu gǒu yíng yíng　蝇营：苍蝇来来往往地追逐脏东西；苟：苟且。像苍蝇那样钻营，像狗那样无耻。比喻追求名利，不顾廉耻，无所不为。

成语	印	释义
墨汁未干		【墨汁未干】mò zhī wèi gān　刚写的字连墨迹还没有干。形容很快就违背了协定或诺言。
奴颜婢膝		【奴颜婢膝】nú yán bì xī　奴：奴才。颜：面容。婢膝：奴婢的膝，指下跪。像奴婢似的卑躬屈膝、低三下四。形容谄媚讨好别人的丑态。
呶呶不休		【呶呶不休】náo náo bù xiū　呶呶：形容说话唠叨；休：停止。唠唠叨叨，说个不停。
拍板成交		【拍板成交】pāi bǎn chéng jiāo　拍卖员拍打板子，交易做成了。市场交易活动中，买方卖方经过讨价还价，由拍卖员拍打板子，表示成交。泛指相互勾结，进行交易而达成协议。

不胫而走		【不胫而走】bù jìng ér zǒu　胫：小腿；走：快跑。没有腿而跑得很快。北齐·刘昼《刘子·荐贤》：“玉无翼而飞，珠无胫而行。”比喻事物不待推行，就迅速地传播、流行。
不到黄河心不死		【不到黄河心不死】bù dào huáng hé xīn bù sǐ　比喻不达到目的不罢休。现多用来比喻不到无路可走的境地不肯死心。
不知所云		【不知所云】bù zhī suǒ yún　云：说。不知道说些什么。形容感情激动，语无伦次。也指说话颠三倒四。
不识时务		【不识时务】bù shí shí wù　务：事务。时务：当前的重大事情或形势。不认识时代的潮流或当前的形势。

沐猴而冠		【沐猴而冠】mù hóu ér guàn　沐猴：猕猴；冠：戴帽子。猕猴戴帽子。比喻本质不好，而装扮得很像样。《史记·项羽本纪》：“人言楚人沐猴而冠耳，果然。”
内视反听		【内视反听】nèi shì fǎn tīng　视：指反省；反：指向外。主动反省检查，听取别人的意见。
能近取譬		【能近取譬】néng jìn qǔ pì　譬：比方。能够就近选取事实作比方。指能够以自己作比方，推己及人，设身处地为别人着想。
木本水源		【木本水源】mù běn shuǐ yuán　本：树根。树木的根子，流水的源头。比喻事物的根本或本源。多指血统关系。

成语	印	释义
落月屋梁		【落月屋梁】luò yuè wū liáng 表示对朋友的怀念。唐·杜甫《梦李白二道》一："落月满屋梁，犹疑照颜色。"
履险如夷		【履险如夷】lǚ xiǎn rú yí 履：行走。夷：平地。走在危险之地就像走平地一样。形容本领大，能化险为夷。也比喻在危急的处境中毫不畏惧。
目无余子		【目无余子】mù wú yú zǐ 余子：其他的人。眼里没有旁人。形容自命不凡，看不起人。
马首是瞻		【马首是瞻】mǎ shǒu shì zhān 首：头。是：指示代词，将受事成分提前。瞻：往前或向上看。原指作战时士卒看主将的马头决定行动的方向。后比喻服从指挥或乐于追随。

存而不论		【存而不论】cún ér bù lùn 存：保留。论：讨论。把问题放置起来，暂不加论证或讨论。
粗心大意		【粗心大意】cū xīn dà yì 粗：粗疏。形容做事不细心，不谨慎，马马虎虎。
打抱不平		【打抱不平】dǎ bào bù píng 在双方争执中，主动介入，帮助受到欺压的人，打击实施强暴者。清·曹雪芹《红楼梦》第四十五回："气的我只要替平儿打抱不平。"
看朱成碧		【看朱成碧】kàn zhū chéng bì 朱：红色；碧：青绿色。红的看成了绿的。形容心乱眼花，分不清颜色。

麟角凤觜		【麟角凤觜】lín jiǎo fèng zuǐ 麒麟的角，凤凰的嘴。比喻十分珍贵、稀少的人或事物。
离群索居		【离群索居】lí qún suǒ jū 索：单独。居：起居，生活。离开同伴而孤独地生活。
庐山真面		【庐山真面】lú shān zhēn miàn 庐山：江西九江的一座名山。宋·苏轼《题西林壁》诗："不识庐山真面目，只缘身在此山中。"后即用"庐山真面"比喻一件事情的真相，一个人的本来面目。
两面三刀		【两面三刀】liǎng miàn sān dāo 当面一套、背后一套，用两面派手法。比喻居心不良。元·李行道《灰阑记》二折："岂知他有两面三刀，向夫主厮般调。"

立地书橱		【立地书橱】lì dì shū chú　两脚站着的书橱，即活书橱。比喻人读书多，学识广博。《宋史・吴时传》：“敏于为文，未尝属稿，落笔已成，两学目之曰立地书橱。”
履舄交错		【履舄交错】lǚ xì jiāo cuò　履：单底鞋。舄：复底鞋。交错：杂乱。形容宾宾众多，亦形容酒席间男女杂坐，不拘礼节的状态。
力排众议		【力排众议】lì pái zhòng yì　力：竭力。排：排除。议：意见。竭力排除和反驳与己见不同的各种意见，使自己的主张占上风。
聊以自慰		【聊以自慰】liáo yǐ zì wèi　聊：姑且。自慰：自我安慰。姑且用自我安慰。

靡颜腻里		【靡颜腻里】mǐ yán nì lǐ　形容容貌美丽，肌肤细腻柔滑。
开山祖师		【开山祖师】kāi shān zǔ shī　原为佛教用语，指最初创建寺院的和尚。后比喻首创学术、技艺的某一流派或首创一项新事业的人。
另起炉灶		【另起炉灶】lìng qǐ lú zào　另外重支炉灶。比喻放弃原来的，重新做起或另搞一套。
令人发指		【令人发指】lìng rén fà zhǐ　令：使得。发指：头发竖起来。愤怒得使人头发都竖直起来。形容愤怒到极点。

成语	印	释义
急管繁弦		【急管繁弦】jí guǎn fán xián　形容音乐演奏的复杂、热闹。宋·晏殊《珠玉词·蝶恋花》：“绣幕卷波香引穗，急管繁弦，共爱人间瑞。”
口口声声		【口口声声】kǒu kǒu shēng shēng　不止一次，反反复复地陈述或表白。形容总把某种说法挂在口头上。
宽猛相济		【宽猛相济】kuān měng xiāng jì　宽：宽厚；猛：猛烈，严厉。宽和猛互相补足。《左传·昭公二十年》：“政宽则民慢，慢则纠之以猛；猛则民残，残则施之以宽。宽以济猛，猛以济宽，政是以和。”
夸父追日		【夸父追日】kuā fù zhuī rì　《山海经·海外北经》记载，古代有个夸父，他要追赶太阳，在路上渴得很厉害，先后饮了黄河和渭河的水，感到还不够，又往北方的一个大湖去喝水，没到那里就在路上渴死了，他丢下的木杖后来就变成一片树林。这则神话故事表现了古代人民征服自然的坚强决心。也用以指不自量力。

成语	印	释义
目不交睫		【目不交睫】mù bù jiāo jié 没有合上眼睫毛。形容长夜不眠。
良莠不齐		【良莠不齐】liáng yǒu bù qí 莠：长得像谷子一样的野草。庄稼和野草混杂在一起。比喻好人坏人混杂，优劣不一。
临渴掘井		【临渴掘井】lín kě jué jǐng 临：到。口渴了才去挖井。比喻事先不做好准备，事到临头才动手想办法。
力所能及		【力所能及】lì suǒ néng jí 自己的力量能达到。

成语	印	释义
及锋而试		【及锋而试】jí fēng ér shì 及：当，趁着。锋：锋利。趁锋利的时候用它。
据为己有		【据为己有】jù wéi jǐ yǒu 据：占据。把公共的或别人的东西占来当作自己的。
咳唾成珠	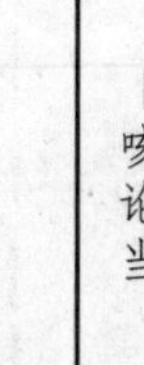	【咳唾成珠】ké tuò chéng zhū 咳唾：咳嗽吐唾沫，比喻谈吐、议论。吐词发论成为珠玉。比喻议论高明，言谈精当。
拒谏饰非		【拒谏饰非】jù jiàn shì fēi 谏：劝告。饰：遮饰，遮盖。非：错误。拒绝他人的规劝，掩饰自己的错误。

成语	印	释义
具体而微		【具体而微】jù tǐ ér wēi 具体：大体具备。微：微小。内容大体具备，但布局、规模较小些。
龙蛇混杂		【龙蛇混杂】lóng shé hùn zá 比喻好人和坏人混在一起。
龙肝豹胎		【龙肝豹胎】lóng gān bào tāi 龙的肝，豹的胎。比喻非常难得的珍贵食品。
摩肩接踵		【摩肩接踵】mó jiān jiē zhǒng 摩：接触。踵：脚跟。肩挨肩，脚尖连着脚跟。形容人多拥挤，或比喻事物接连不断的出现。

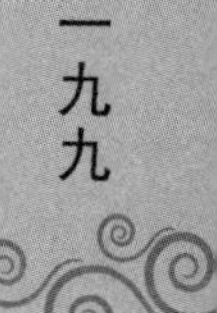

大言不惭		【大言不惭】dà yán bù cán　满口自吹自擂的话，一点也不觉得难为情。
寸木岑楼		【寸木岑楼】cùn mù cén lóu　岑楼：尖顶的高楼。一寸见方的木材同尖顶的高楼相比。比喻差距悬殊。
错落不齐		【错落不齐】cuò luò bù qí　交错零落。形容事物布局疏密得体。
夺胎换骨		【夺胎换骨】duó tāi huàn gǔ　本为道家语，指夺人之胎以转生，易去凡骨为仙骨。后比喻学习前人不露痕迹，并能创新。

妙手空空		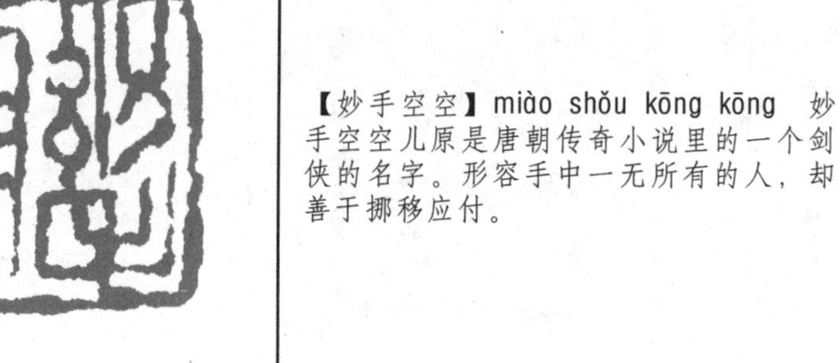【妙手空空】miào shǒu kōng kōng　妙手空空儿原是唐朝传奇小说里的一个剑侠的名字。形容手中一无所有的人，却善于挪移应付。
流言飞语		【流言飞语】liú yán fēi yǔ　毫无根据的话；多指背后议论、诬蔑和挑拨、离间的坏话。
鲁殿灵光		【鲁殿灵光】lǔ diàn líng guāng　鲁殿：鲁灵光殿，为汉景帝子鲁恭王时修建，遗址在今山东省曲阜县东。比喻仅存的有声望的人或事物。
利欲熏心		【利欲熏心】lì yù xūn xīn　利：名利。欲：欲望。熏：熏染，侵袭。贪财图利的欲望迷住了心窍。

成语	印	释义
利令智昏		【利令智昏】lì lìng zhì hūn 利：利益、私利。令：使。智：理智。昏：昏乱，神志不清楚。形容因贪图私利，使人头脑发昏，失去理智。
毁家纾难		【毁家纾难】huǐ jiā shū nàn 纾：缓和，解除。指倾尽家产以帮助国家减轻危难。
大同小异	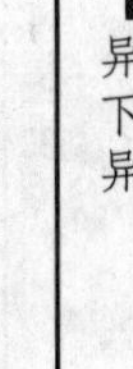	【大同小异】dà tóng xiǎo yì 异：差异。大体相同，稍有差异。《庄子·天下》："大同而与小同异，此之谓小同异；万物毕同毕异，此之谓大同异。"
断编残简		【断编残简】duàn biān cán jiǎn 断、残：残缺不全。编、简：文字书册。指残缺不全的文字书册。也指不完整的书本知识。

密云不雨	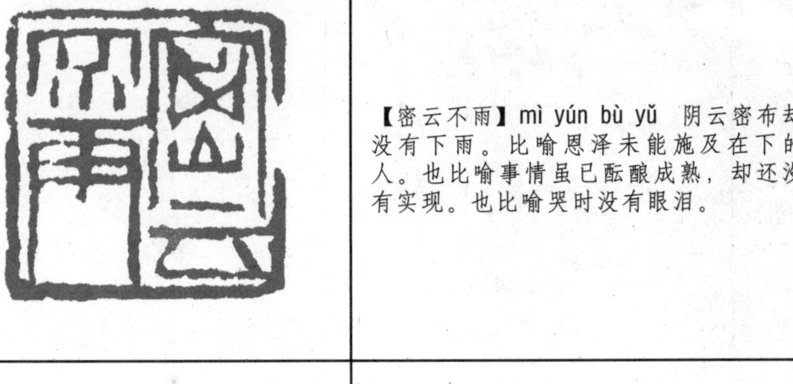	【密云不雨】mì yún bù yǔ　阴云密布却没有下雨。比喻恩泽未能施及在下的人。也比喻事情虽已酝酿成熟，却还没有实现。也比喻哭时没有眼泪。
两虎相斗		【雨虎相斗】liǎng hǔ xiāng dòu　比喻两个强手作你死我活的搏斗。
名缰利锁		【名缰利锁】míng jiāng lì suǒ　缰：缰绳。锁：锁链。比喻功名和利禄就像缰绳和锁链一样束缚人。
莫须有		【莫须有】mò xū yǒu　恐怕有，也许有。后指凭空捏造。

成语	印	释义
悼心失图		【悼心失图】dào xīn shī tú 悼：伤；图：谋。因伤心而失于谋划。
沦肌浃髓		【沦肌浃髓】lún jī jiā suǐ 沦：浸没在水里；浃：湿透。浸透了肌肉和骨髓。比喻感受很深刻。
打退堂鼓		【打退堂鼓】dǎ tuì táng gǔ 退堂：指古代封建官吏坐堂问事完毕。官吏在退堂前，差役要打退堂鼓，表示停止办公或审理案件结束。现比喻与人共同做事时中途退出。也比喻遇到困难或问题时，向后退缩。
胆小如鼠		【胆小如鼠】dǎn xiǎo rú shǔ 胆子小得像老鼠一般。形容人胆小怕事。

模棱两可		【模棱两可】mó léng liǎng kě 模棱：说话处事含混。两可：这样也行，那样也行。指没有明确的态度或主张，认为一件事情的两方面都可以，怎么样都行。
祸从口出		【祸从口出】huò cóng kǒu chū 灾祸从讲话中引出。指说话不慎就会招来灾祸。
利出一孔		【利出一孔】lì chū yī kǒng 利：利禄，赏赐；一孔：专一的途径。
莫此为甚		【莫此为甚】mò cǐ wéi shèn 莫：没有什么；甚：极，超过。意思是没有能超过这个的了。

成语	印	释义
打家劫舍		【打家劫舍】dā jiā jié shè 舍：居住的房子。成群结伙地到别人家里，用暴力抢夺财物。
漫不经心		【漫不经心】màn bù jīng xīn 漫：随便，不受约束。经心：在意，留心。对事不用心考虑，随随便便，不放在心上。
顿开茅塞		【顿开茅塞】dùn kāi máo sè 本来像被茅草堵塞住的头脑，忽然被打开了。比喻因受启发而豁然领悟，明白了道理或消除了疑团。
面有菜色		【面有菜色】miàn yǒu cài sè 菜色：饥饿的脸色。长期吃菜所出现的营养不良的脸色。形容人长期挨饿后面皮焦黄的样子。

成语	印	释义
驾轻就熟		【驾轻就熟】jià qīng jiù shú 驾：驾驶，赶马车。轻：指轻便的车。就：靠近，趋向。熟：熟悉的道路。驾着轻便的车走熟悉的路。比喻对事物很熟悉，做起来很容易。
名士风流		【名士风流】míng shì fēng liú 名士：名人，知名之士。风流：风度洒脱。谓有才学而不拘世俗礼法的名士的风度和习气。
老于世故		【老于世故】lǎo yú shì gù 老于：老练，有经验。世故：处世的经验。形容人老练而又富有处世经验。
火烛小心		【火烛小心】huǒ zhú xiǎo xīn 火烛：泛指可以起火的东西。原意指谨防火警，后泛指小心谨慎。

多此一举		【多此一举】duō cǐ yì jǔ　举：行动、举动。做出不必要的，多余的举动。表示这一行动毫无必要。
马齿徒增		【马齿徒增】mǎ chǐ tú zēng　徒：白白地。马齿随着马的年岁的增长而添换。故看马齿就知道马的岁数。比喻人空添了年岁，学问、事业没有长进。常作为人的自谦之语。
得意扬扬		【得意扬扬】dé yì yáng yáng　形容非常得意的样子。语出汉·司马迁《史记·管晏列传》："意气扬扬，甚自得也。"
盲人瞎马		【盲人瞎马】máng rén xiā mǎ　失明的人骑着瞎了眼的马。形容盲上加盲，险上加险。也比喻乱闯瞎撞，非常危险。

成语	印	释义
甘之如饴	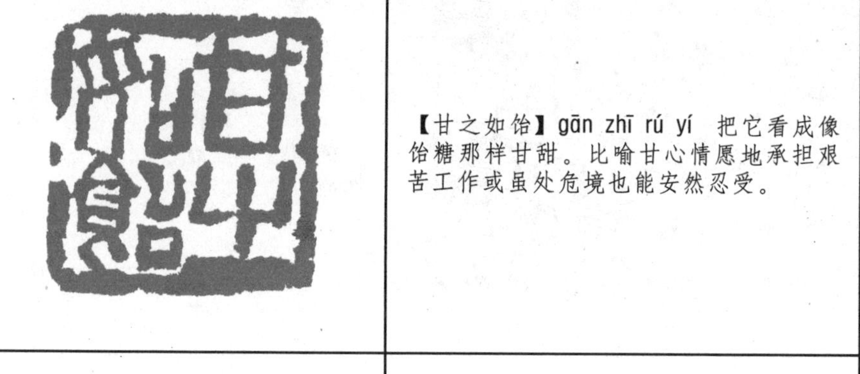	【甘之如饴】gān zhī rú yí 把它看成像饴糖那样甘甜。比喻甘心情愿地承担艰苦工作或虽处危境也能安然忍受。
反水不收		【反水不收】fǎn shuǐ bù shōu 反水：倾倒在地上的水。倾倒在地上的水收拾不起来了。比喻无法挽回。
翻来覆去		【翻来覆去】fān lái fù qù 指来回翻动身体，也形容多次重复。
犯而不校		【犯而不校】fàn ér bù jiào 犯：触犯；校：计较。语出《论语·泰伯》。这是古代儒家提倡的“恕道”。意思是，别人触犯了自己也不要计较。

成语	印	释义
旧恨新仇		【旧恨新仇】jiù hèn xīn chóu 旧的怨恨和新的冤仇。形容积累下的仇恨很多。
旧调重弹		【旧调重弹】jiù diào chóng tán 旧调：老调子。老调子又重新弹奏。比喻把陈旧的理论或主张、说法重新搬出来，没有新鲜的东西。
精疲力竭		【精疲力竭】jīng pí lì jié 竭：尽。精神疲倦，体力消耗净尽。形容极度疲乏，一点力气也没有。常用于形容体力耗尽到极点，也指因劳累造成的精神疲惫。
救经引足		【救经引足】jiù jīng yǐn zú 经：上吊。救上吊的人却拉他的脚。比喻越做距离目标越远。

成语	印	释义
孤陋寡闻		【孤陋寡闻】gū lòu guǎ wén 陋：见闻不广。寡：少。学识短浅，见闻不广。
胡孙入袋		【胡孙入袋】hù sūn rù dài 胡孙：同“猢狲”，猴子。猴子进了布袋。比喻中计而行动不自由。
风行一时		【风行一时】fēng xíng yī shí 风行：盛行。一段时期里像刮风一样地盛行。形容事物在某一段时期里普遍流行。
俯仰由人		【俯仰由人】fǔ yǎng yóu rén 俯仰：低头和抬头。泛指一举一动。形容行动受人支配、控制。

成语	印	释义
今是昨非		【今是昨非】jīn shì zuó fēi 现在是对的，过去错了。形容人觉悟后，悔恨以前的过错。
就事论事		【就事论事】jiù shì lùn shì 就：按照。指按照事情本身的实际情况来评论。也指只是孤立谈某件事情，不涉及其他。
狐埋狐搰		【狐埋狐搰】hú mái hú hú 搰：挖掘。狐狸埋藏的东西，狐狸又把它挖掘出来。传说狐狸的本性多疑，它刚把东西埋好，又很不放心地再挖出来看看。比喻人疑虑过甚，成不了大事。
九牛一毛		【九牛一毛】jiǔ niú yì máo 九头牛身上的一根毛。比喻极大数量中微不足道的一点。

成语	印	释义
面面相觑		【面面相觑】miàn miàn xiāng qù　面面：脸对着脸。相：互相。觑：看，瞧。你看我，我看你，互相对望。形容因紧张或惊惧而束手无策的情景。
卖身投靠		【卖身投靠】mài shēn tóu kào　投：投奔。靠：依靠。出卖自己的灵魂，投靠有权势地位的人。
卖剑买牛		【卖剑买牛】mài jiàn mǎi niú　卖掉刀剑，买进耕牛。原指龚遂劝百姓放下武器，回乡务农。比喻改业归民，也指改邪归正。
麟凤龟龙		【麟凤龟龙】lín fèng guī lóng　麟：麒麟，古代传说中的灵兽。凤：凤凰，古代传说中的鸟王。龟：古代传说中的神龟。龙：古代传说中的神异动物。这四种动物在古代都被认为是灵物，象征吉祥、高贵、长寿。比喻稀有的珍贵的东西。

成语	印	释义
开云见日		【开云见日】kāi yún jiàn rì　拨开云雾，现出太阳。比喻送走黑暗迎来光明。也指误会消除。
枯杨生稊		【枯杨生稊】kū yáng shēng tí　稊：通“荑”，植物嫩芽。枯萎的杨树又长了芽。旧时比喻老夫娶少妻或老年得子。
兰薰桂馥		【兰薰桂馥】lán xūn guì fù　薰、馥：香气。比喻恩惠长留，历久不衰。
历历在目		【历历在目】lì lì zài mù　历历：清楚、分明。指事物和景象清清楚楚地展现在眼前。

迷人眼目		【迷人眼目】mǐ rén yǎn mù　迷：迷惑。迷惑人们的视线，使人难分真假。
聊以解嘲		【聊以解嘲】liáo yǐ jiě cháo　聊：姑且。解：辩解。嘲：嘲笑。姑且用来辩解他人对自己的嘲笑。是一种自我安慰的说词。
临渊羡鱼		【临渊羡鱼】lín yuān xiàn yú　临：面对。渊：深水，潭。羡：希望得到。面对着深水潭，希望得到鱼。比喻只有愿望，而无实际行动，仍不能如愿以偿。
名过其实		【名过其实】míng guò qí shí　名位或名声超过了实际功劳或才能。

成语	印	释义
惠而不费		【惠而不费】huì ér bù fèi 惠：施惠，给人以好处；费：耗费。施惠于人，自己又无所耗费。
积羽沉舟		【积羽沉舟】jī yǔ chén zhōu 沉舟：使船沉没。羽毛虽轻，但堆积多了，同样可以把船压沉。比喻微小的东西，可以汇成巨大的力量，产生巨大的影响。也比喻坏事虽小，积累下去，也会产生严重后果。
门可罗雀		【门可罗雀】mén kě luó què 罗雀：张网捕雀。大门前面可以张网捕雀。形容门庭冷落，宾客稀少。
口头禅		【口头禅】kǒu tóu chán 原来是说不懂得佛教的那套禅理，只会袭取一般谈禅的说法来作为谈话的资料。后来泛指经常挂在嘴上而没有实际意义的词句。

成语	印	释义
不肖子孙		【不肖子孙】bù xiào zǐ sūn　不肖：不像。不像祖宗、父辈贤良的子孙。指品行不好，不能继承先辈事业和遗志的没有出息的子孙。
波澜老成		【波澜老成】bō lán lǎo chéng　波澜：比喻文章多起伏；老成：形容文章很老练。形容诗文气势雄壮，功力深厚。
不失毫厘		【不失毫厘】bù shī háo lí　失：差。不差一毫一厘。
并日而食		【并日而食】bìng rì ér shí　并日：两天合并成一天。两天吃一天的饭。形容生活穷困。

成语	印	释义
轻装简从		【轻装简从】qīng zhuāng jiǎn cóng 从：随从。轻便的行装，随从的人员也很少。
鸟兽散		【鸟兽散】niǎo shòu sàn 形容成群的人纷纷散去。
切磋琢磨		【切磋琢磨】qiē cuō zhuó mó 切：指加工骨头。磋：指加工象牙。琢：指加工玉石。磨：指加工石头。原指对玉石、象牙等的细加工，现比喻在道德学问方面互相研讨，取长补短。
得意忘言		【得意忘言】dé yì wàng yán 得：得到；言：语言。原来是说：语言是达意的，已得其意，就不再需要语言了。后来用以表示互相默契，心照不宣。

成语	印	释义
擘肌分理		【擘肌分理】bò jī fēn lǐ 擘：分开。理：肌肤的纹理。切开肌肤，分析其中的纹理。形容分析事理达到其细密的程度。
跛鳖千里		【跛鳖千里】bǒ biē qiān lǐ 《荀子·修身》："故跬步而不休，跛鳖千里。"意思是跛脚的鳖不停地走，也能走到千里之外。比喻只要努力不懈，即使条件很差，也能取得成功。
不知所以		【不知所以】bù zhī suǒ yǐ 所以：所由，缘故。不知道什么原因。形容人不明缘故，感到意外。
拨云见天		【拨云见天】bō yún jiàn tiān 拨开乌云看到青天。比喻冲破黑暗，见到光明。

成语	印	释义
气味相投		【气味相投】qì wèi xiāng tóu 气味：意指思想或志趣。投：合得来。指人彼此志趣和情调十分投合。
岂有此理		【岂有此理】qǐ yǒu cǐ lǐ 岂：哪里。哪里有这样的道理。即极为荒谬，断无此理。
盘马弯弓		【盘马弯弓】pán mǎ wān gōng 盘马：骑着马绕圈子跑。弯弓：拉弓准备发射。跨马盘旋张弓欲射。比喻只做出姿态而不付诸行动。
扣盘扪烛		【扣盘扪烛】kòu pán mén zhú 扣：敲击；扪：抚摸。宋·苏轼《日喻》："生而眇者不识日，问之有目者。或告之曰：'日之状如铜盘。'扣盘而得其声。他日闻钟，以为日也。或造之曰：'日之光如烛。'扪烛而得其形。他日揣籥，以为日也。"（籥，一种古代管乐器。）后来就用"扣盘扪烛"比喻认识片面，不正确。

成语	印	释义
监守自盗		【监守自盗】jiān shǒu zì dào　监守：看管。盗：盗窃。盗窃自己经管的财物。
隔墙有耳		【隔墙有耳】gé qiáng yǒu ěr　隔着墙有人在偷听。指要随时提高警惕，以防机密泄露。
方枘圆凿		【方枘圆凿】fāng ruì yuán záo　枘：榫头。圆凿：圆榫眼，卯眼。方形的榫头，圆形的卯眼。比喻彼此格格不入，不相投合。
不此之图		【不此之图】bù cǐ zhī tú　此：这，这个；图：计谋，打算。这是文言文中的一种宾语提前的句式。意思是不打算做这件事或不考这个问题。

成语	印	释义
七手八脚		【七手八脚】qī shǒu bā jiǎo 原指比一般人多好几个手脚。形容人多手杂，动作忙乱。亦形容头绪枝节很多。
气冲牛斗		【气冲牛斗】qì chōng niú dǒu 牛：牵牛星。斗：北斗星。牛斗：泛指星空。原指宝剑的光气射入天际。形容气势极盛，直冲星空。有时也指怒气极盛。
取精用弘		【取精用弘】qǔ jīng yòng hóng 精：精华；用：享受；弘：大。《左传·昭公七年》："蕞尔国，而三世执其政柄，其用物也弘矣，其取精也多矣。"（蕞尔，小的样子。）后来指从所占有的丰富资料中吸取精华。
举棋不定		【举棋不定】jǔ qí bù dìng 举：拿起，拿着。拿着棋子不知道该怎么下。比喻临事犹豫不决，拿不定主意。

成语	印	释义
福无双至		【福无双至】fú wú shuāng zhì　双：成双地；至：到来。幸运的事情不会接连而来。
古井无波		【古井无波】gǔ jǐng wú bō　古井：水源将近枯竭的古老水井。波：波澜。古老的水井，没有波澜。比喻人对外事不动心。
孤云野鹤		【孤云野鹤】gū yún yě hè　孤：独自。天空独自飘荡的浮云，野外任意遨游的仙鹤。旧时指行踪不定、漫游山野、不受拘束的隐士。
含垢纳污		【含垢纳污】hán gòu nà wū　垢、污：脏垢，污秽。心里忍受着羞耻和污辱。本指国君应当有容忍耻辱和诬枉的气度。后指有容忍耻辱的度量；也转用以形容秽恶聚集之处，或包容坏人坏事。

成语	印	释义
南风不竞		【南风不竞】nán fēng bù jìng 南风：指南方的音乐；竞：强劲。南方的音乐不强劲。原来比喻楚军的士气不振，战斗力差。后泛用以比喻竞赛的对手力量不强。
皮里春秋		【皮里春秋】pí lǐ chūn qiū 春秋：记载鲁国历史的书，后来的封建统治者把这部书奉为评论是非、褒贬善恶的范本。指藏在心里不说出来的言论。
苜蓿生涯		【苜蓿生涯】mù xu shēng yá 苜蓿：豆料植物；生涯：生活。《古今诗话》记载，唐朝的薛令之做随侍太子的右庶子时，待遇菲薄，就在墙上题了一首诗，前四句是："朝日正团团，照见先生盘。盘中何所有？苜蓿长阑干。"（阑干，纵横错乱的样子。）后来转用"苜蓿生涯"形容塾师的清苦生活。
鸟革翚飞		【鸟革翚飞】niǎo gé huī fēi 革：鸟张翼；翚：野鸡，羽毛很美。形容官室华丽。《诗经·小雅·斯干》："如鸟斯革，如翚斯飞。"

回味无穷		【回味无穷】huí wèi wú qióng 回味：吃过好的食物以后的余味，指从回忆中体会到的意味。穷：穷尽。比喻事后越想，越觉得意味深长。也比喻读过含意深长的文艺作品后，体会到无限的意趣。
操之过急		【操之过急】cāo zhī guò jí 操：做。过：过分。处理事情或解决问题过于急躁。
妙不可言		【妙不可言】miào bù kě yán 妙：美妙、巧妙。言：说。美妙得不能用言语表达出来。
博大精深		【博大精深】bó dà jīng shēn 博：广博。精深：又专又深。形容思想和学识广博而高深。

成语	印	释义
牛衣对泣		【牛衣对泣】niú yī duì qì　牛衣：用乱麻编织的给牛御寒之物。睡在牛衣中相对哭泣。形容夫妻共同过着穷困的生活。
牛骥同皂		【牛骥同皂】niú jì tóng zào　骥：千里马；皂：马槽。牛跟马同槽。比喻不好的人与贤人同处。
耐人寻味		【耐人寻味】nài rén xún wèi　耐：经得住。寻味：反复体会。经得住反复仔细地体味。
目不窥园		【目不窥园】mù bù kuī yuán　窥：瞥看。汉代董仲舒专心治学，三年中都无暇观赏花园中的景致。后用以形容专心致志，埋头钻研，不为外事分心。